TROIS CONTES PHILOSOPHIQUES

ÉTONNANTS • CLASSIQUES

TROIS CONTES PHILOSOPHIQUES

Présentation, chronologie, notes et dossier par
DOMINIQUE LANNI,
professeur de lettres

GF Flammarion

Le siècle des Lumières dans la même collection

BERNARDIN DE SAINT-PIERRE, *Paul et Virginie*
DIDEROT, *Le Neveu de Rameau*
Supplément au Voyage de Bougainville
GRAFFIGNY (Mme de), *Lettres d'une Péruvienne*
MONTESQUIEU, *Lettres persanes*
PRÉVOST, *Manon Lescaut*
ROUSSEAU, *Les Confessions*
VOLTAIRE, *Candide*
L'Ingénu
Jeannot et Colin. Le monde comme il va
Micromégas
Zadig

2e édition revue, 2007.

ISBN : 978-2-0812-0282-5
ISSN : 1269-8822

SOMMAIRE

Trois Contes philosophiques

PRÉSENTATION

Le siècle des Lumières

La période qu'on nomme « siècle des Lumières » coïncide avec le XVIIIe siècle : elle s'ouvre à la fin du règne de Louis XIV, recouvre la régence de Philippe d'Orléans, le règne de Louis XV, celui de Louis XVI et s'achève avec les derniers feux de la Révolution [1]. Caractérisée par des dysfonctionnements dans les domaines politique et judiciaire, par de profondes inégalités sociales et par une montée de l'intolérance et du fanatisme religieux, elle se définit conjointement et paradoxalement par l'affirmation d'un esprit nouveau, source d'un développement sans précédent des sciences et des arts, et par une intense créativité littéraire ; sur le plan des idées, cet élan se traduit par l'élaboration de nouveaux modèles politiques et sociaux – qu'accompagne la critique de ceux qui sont en place –, et par le recours à la raison pour lutter contre toutes les formes d'obscurantisme. Cette pensée ne naît pas brutalement au XVIIIe siècle mais s'inscrit dans le prolongement des œuvres de Bayle et de Fontenelle qui, dès la fin du XVIIe siècle, font de l'esprit d'observation et de l'exercice du jugement les conditions du progrès. En attestent les *Pensées sur la comète* (1682) du premier et l'*Histoire des oracles* (1686) du second.

1. Voir chronologie, p. 26-41.

La réflexion critique à l'œuvre au XVIIIe siècle stigmatise les inégalités, très grandes, de la société de l'Ancien Régime, mais aussi toutes ses injustices – depuis les jugements arbitraires et l'utilisation des lois à des fins personnelles par ceux qui sont chargés de les faire appliquer jusqu'aux pratiques inhumaines, comme celle que Voltaire dénonce dans l'article « Torture » de son *Dictionnaire philosophique* (1746) ou l'esclavage que Montesquieu condamne dans *De l'esprit des lois* (1748) : plus généralement, toutes les formes de négation ou de privation de liberté. À travers ces dénonciations, c'est le pouvoir royal qui se trouve contesté. La remise en question du principe de monarchie absolue de droit divin, à laquelle se livre Diderot dans son article « Autorité politique », publié dans l'*Encyclopédie* [1] en 1751, va de pair avec la recherche d'un système politique idéal et la volonté d'instaurer un nouveau contrat entre les gouvernants et les gouvernés telle que l'exprime Rousseau dans son *Contrat social* (1762). Enfin, l'intolérance et le fanatisme religieux, dont sont victimes notamment les protestants, les juifs, mais aussi les comédiens, sont combattus avec force.

Les grands artisans de ce renouvellement de la pensée, des sciences et des arts sont les philosophes. Dans les cafés et les salons parisiens, dans les académies de province, ils se retrouvent pour partager leurs idées. Voyageant à travers l'Europe – effectuant ainsi le « Grand Tour » –, ils multiplient rencontres et échanges. Si leurs personnalités, leurs expériences et leurs contributions diffèrent, ils ont un certain nombre de points en commun, que souligne l'article « Philosophe » [2] paru dans l'*Encyclopédie*.

---

1. Sous-titrée « Dictionnaire raisonné des arts et des sciences », l'*Encyclopédie* est une vaste entreprise littéraire et scientifique menée sous la direction de Diderot et de d'Alembert durant près de vingt ans, destinée à rassembler les savoirs dans les différents domaines de la connaissance, à mettre en évidence les erreurs et les superstitions, et à militer ainsi en faveur d'une société fondée sur l'égalité des citoyens et la liberté de penser. Plusieurs fois interdite, son histoire a été chaotique.
2. Voir dossier, p. 132.

Soucieux de l'intérêt général, doué d'un esprit critique rationaliste s'opposant aux superstitions, aux dogmes et à l'obscurantisme, le philosophe lutte par ses écrits contre toutes les injustices, au risque d'être censuré, emprisonné ou contraint à l'exil. Partisan du progrès, ce n'est pas seulement un homme de lettres, c'est aussi un homme d'action qui désire ardemment contribuer à changer le monde. Ses principales armes pour diffuser ses idées demeurent cependant ses textes, engagés et polémiques, qui empruntent des formes variées, tels le discours, l'essai, l'article, le roman ou le conte.

Le conte au XVIIIe siècle

« Tout le monde conte à présent », lit-on dans la « Préface » des *Deux Amis* (1767) de Saint-Lambert. Si la théorie distingue aujourd'hui le conte des autres genres littéraires en lui attribuant des caractéristiques précises, il n'en est rien au XVIIIe siècle, où le mot a le même sens que « nouvelle », avec lequel il est indifféremment employé par les auteurs et par les critiques, et où il est généralement opposé à la fable et au roman [1]. Bien qu'aisément esquissé à grands traits – c'est une forme narrative brève qui relate une histoire fictive et repose sur une action simple, présente peu de péripéties et comporte un nombre réduit de personnages évoluant dans un cadre spatio-temporel resserré –, le conte est un genre aux contours flous, qui offre une grande diversité de sujets, de formes et de tons et qui se confond avec d'autres types de récits brefs. Les mentions génériques et les sous-titres de nombreuses fictions qu'on associe à l'esthétique du conte témoignent de cette confusion : « conte », « nouvelle », « histoire arabe », « anecdote

1. Voir dossier, p. 145, l'article de Gabriel Girard, « Conte, fable, roman » (*La Justesse de la langue française*, 1718).

huronne »… Diderot s'en amuse lorsqu'il intitule un de ses contes *Ceci n'est pas un conte*.

Qu'il fasse la part belle aux elfes et aux fées ou à un Orient de fantaisie, qu'il soit de nature grivoise et s'inscrive dans la tradition des fabliaux, ou qu'il soit réaliste et composé dans la veine du récit historique, le conte connaît assurément son âge d'or au XVIIIe siècle. Grâce à son format, il trouve aisément sa place dans les nombreux périodiques galants et mondains dont le siècle est friand. Bien avant le XIXe siècle, il est donc intimement lié à la pratique journalistique.

À la différence des siècles qui l'ont précédé et suivi, appliqués à codifier les genres, le XVIIIe siècle a paru moins soucieux de resserrer la définition du conte autour de quelques principes que de chercher à tirer pleinement parti de ses potentialités pour mieux agir sur les esprits. Choisissant pour cadre spatial des lieux réels disséminés aux quatre coins du globe – comme dans l'*Histoire des voyages de Scarmentado*, *Ziméo*, *Candide*… –, des lieux mythiques ou légendaires, ou des lieux totalement fictifs, pour cadre temporel des époques mythiques ou le siècle dans lequel ils vivent, pour sujets des événements historiques ou une anecdote qui leur a été rapportée – comme dans *Ceci n'est pas un conte*, *Madame de La Carlière*… –, les auteurs des contes, aussi différents que Voltaire, Saint-Lambert et Diderot, y exposent leur perception du monde et de l'existence et dénoncent les travers de la société et du pouvoir.

Trois écrivains des Lumières

Au moment où ils composent respectivement l'*Histoire des voyages de Scarmentado*, *Ziméo* et *Madame de La Carlière*, quelles sont les situations de Voltaire, Saint-Lambert et Diderot sur la scène littéraire ?

En 1756, quand paraît l'*Histoire des voyages de Scarmentado*, Voltaire est admiré dans l'Europe entière. Si, dans sa jeunesse, il s'est attiré les foudres du Régent et a été contraint de s'exiler, il est rentré en grâce auprès de Louis XV – qui en a fait son historiographe –, est devenu un intime de Frédéric II de Prusse, et le correspondant de tous les grands d'Europe. Il est reconnu pour ses talents de poète – avec son poème épique *La Henriade* –, de philosophe – avec ses *Lettres anglaises* et ses *Lettres philosophiques* –, de dramaturge, avec ses tragédies – *Œdipe*, *Zaïre*, *Mahomet*, *Mérope* –, d'historien – avec son *Histoire de Charles XII* – et de conteur – avec *Memnon*, *Babouc ou le monde comme il va*, *Micromégas*. Lorsqu'il entreprend la rédaction de l'*Histoire des Voyages de Scarmentado*, il travaille dans le même temps à un ouvrage historique, l'*Essai sur les mœurs*.

C'est en 1769 que Saint-Lambert fait paraître *Ziméo*, dans un recueil dont la pièce maîtresse est un long poème, *Les Saisons*. À peine ce dernier est-il lu dans les salons que la critique est dithyrambique et que certains le comptent parmi les plus grandes œuvres du siècle. Pourtant, il ne s'agit pas de l'œuvre d'un poète confirmé et rien ne destinait son auteur à connaître une telle fortune. D'origine modeste, engagé très jeune dans les gardes lorraines du roi de Pologne Stanislas Leszczynski établi avec sa cour à Lunéville, Saint-Lambert a participé à plusieurs campagnes victorieuses. Ses relations, notamment avec Mme de Graffigny, lui ont permis de rencontrer Voltaire en 1735. La mort de sa maîtresse Émilie du Châtelet, en donnant naissance à leur fille, a précipité son départ pour Paris où Mme de Graffigny lui a ouvert les portes des salons. C'est dans celui de Mme Geoffrin qu'il a fait la connaissance de Marmontel, Helvétius, d'Alembert et Diderot, avant de collaborer à l'*Encyclopédie* en 1756. Terrassé par une attaque de paralysie, il a été contraint de quitter l'armée en 1757. Il s'est alors consacré à la poésie. S'il s'est fait une place dans le petit monde des lettres, sa notoriété, en 1769, n'est pas comparable à celle de ses aînés Voltaire et Diderot.

En 1768, lorsqu'il commence à rédiger ses contes, Diderot semble vouloir s'accorder un moment de répit. En 1746, ses *Pensées philosophiques* ont provoqué la colère des dévots et des bien-pensants et ont été condamnées au feu par le parlement de Paris ; trois ans plus tard, sa *Lettre sur les aveugles à l'usage de ceux qui voient* l'a conduit pour quelques mois au donjon de Vincennes. En 1752, à la suite de la parution de son deuxième volume, l'*Encyclopédie* a été interdite par le Conseil d'État, qui a jugé l'ouvrage dangereux pour les mœurs, la religion et le gouvernement. La sanction levée, Diderot s'est occupé de la publication de cinq autres tomes du « Grand Dictionnaire » de 1753 à 1757. Puis il a composé des drames et des ouvrages de théorie et d'esthétique théâtrales – *Le Fils naturel*, les *Entretiens sur Le Fils naturel*, *Le Père de famille*, le *Discours sur la poésie dramatique* –, a écrit et entrepris la rédaction de récits pleins de verve, comme *Le Neveu de Rameau* ou *Jacques le Fataliste et son maître*, avant de faire imprimer secrètement les dix derniers volumes de l'*Encyclopédie* en 1766. Au tournant des années 1770, l'écrivain semble rechercher plus de légèreté. Mêlant allègrement les genres, passant de l'un à l'autre selon son humeur, il compose plusieurs récits brefs, qu'il ne fait pas systématiquement paraître – il les conserve dans ses tiroirs, les lit dans des cercles littéraires, les fait circuler parmi ses proches sous forme de copies manuscrites ou les confie à Grimm pour qu'il les insère dans sa *Correspondance littéraire* [1] : deux dialogues, l'*Entretien d'un père avec ses enfants* et l'*Entretien d'un philosophe avec la Maréchale de ****, et plusieurs contes parmi lesquels figurent notamment *Mystification*, *Les Deux Amis de Bourbonne*, *Ceci n'est pas un conte* et *Madame de La Carlière*.

---

1. La ***Correspondance littéraire*** est un bulletin bimensuel manuscrit dirigé, de 1753 à 1773, par Melchior Grimm, écrivain et critique allemand, puis par Jacques-Henri Meister, de 1773 à 1789, et réservé aux têtes couronnées d'Europe – Léopold de Toscane, Catherine II, Stanislas-Auguste Poniatowski...

Genèse des trois contes

La genèse du conte *Histoire des voyages de Scarmentado, écrite par lui-même*, vraisemblablement composé au cours de l'hiver 1753-1754, est intimement liée aux déboires essuyés par son auteur lors de son séjour en Prusse. En effet, pour surmonter le tragique décès, en 1749, d'Émilie du Châtelet, qui avait été sa maîtresse, Voltaire se rend auprès de Frédéric II en espérant se voir confier un « emploi », une « charge », un rôle de conseiller ou de grand dignitaire de la cour, le jeune monarque lui ayant toujours témoigné des marques d'amitié et de considération dans leur correspondance avant son accession au pouvoir. Cependant, quelques mois suffisent à Voltaire pour comprendre que Frédéric II n'a pas l'intention de répondre favorablement à ses attentes. Dépité, il décide de quitter la Prusse. Mais tandis qu'il regagne la France, il est arrêté à Francfort par la police, soupçonné d'avoir emporté avec lui des manuscrits de Frédéric II. Traité comme un voleur, le philosophe est profondément humilié et, voyant sa liberté attaquée, conçoit une violente aversion pour son ancien « ami », qu'il perçoit désormais comme un despote. Dans le même temps, la publication en France, sans son autorisation, de son *Abrégé de l'histoire universelle*, première version de son monumental *Essai sur les mœurs*, qui provoque la colère de l'Église, compromet son retour et ruine par la même occasion ses espoirs de revenir à la cour. Voltaire se fixe alors en Alsace, en attendant des jours meilleurs. Entre l'homme de ces années noires, qui accumule les désillusions, et le personnage de Scarmentado, qui enchaîne les déconvenues, les ressemblances sont nombreuses. Évoquant cet épisode, Collini, l'un des secrétaires de Voltaire, note dans un volume de souvenirs, *Mon séjour auprès de Voltaire* (1807) : « Encore froissé des injustices qu'il venait d'éprouver, [Voltaire] composa les *Voyages de Scarmentado*, conte ingénieux, qui renferme des allusions visiblement applicables aux événements dans lesquels il avait figuré. » Plus que les précédents contes de l'auteur, celui-ci porte donc la marque de son expérience personnelle. Bien qu'achevé en 1754, il ne paraît que deux ans plus tard, Voltaire ayant enfin consenti à publier ce qu'il nomme son « fatras », ses « brimborions », ses « rogatons », dans un volume intitulé *Mélanges*.

L'œuvre de Saint-Lambert est représentative d'un siècle dont les auteurs conjuguent fréquemment la poésie, le roman et la philosophie[1]. C'est probablement dans les années 1767-1768, en même temps qu'il achève la rédaction des *Saisons*, que Saint-Lambert commence à composer *Ziméo*. Entre les deux textes – le poème bucolique et le conte –, les points communs sont nombreux ; on y trouve la même célébration du bonheur amoureux, le même culte de la loi de la nature, la même quête d'une naïveté originelle perdue. Le conte *Ziméo* réfère par ailleurs à une multiplicité de sources, parmi lesquelles *Oroonoko, or the Royal Slave* (*Oronoko, ou le Prince nègre*), un roman de l'Anglaise Aphra Behn paru en 1688, « traduit »[2] par La Place et publié pour la première fois en français en 1745 et réédité en 1768 – soit un an avant la publication de *Ziméo* par Saint-Lambert. Dans *Ziméo* comme dans *Oronoko*, le récit est assuré à la première personne – dans l'un par un narrateur anglais et dans l'autre par une narratrice. L'intrigue a pour cadre une plantation située dans une colonie du Nouveau Monde, chez des planteurs vouant une profonde estime au héros noir de l'histoire. Les deux textes s'ouvrent *in medias res*. La description de l'univers colonial est suivie de l'évocation de la vie heureuse du héros en Afrique, puis du récit de la capture et de la traite du personnage. L'épisode de la révolte des esclaves est

1. Pour retracer la genèse du conte de Saint-Lambert, nous suivons le précieux travail de recherches effectué par Youmna Charara dans *Fictions coloniales du XVIIIe siècle*, L'Harmattan, 2005, p. 27-46.
2. Aux XVIIe et XVIIIe siècles, les textes sont moins traduits qu'adaptés au goût du public auquel ils sont destinés.

repris par Saint-Lambert, qui l'amplifie, pour l'inscrire au centre de son conte alors qu'il constitue la dernière partie d'*Oronoko*. Saint-Lambert n'a pas seulement repris le cadre et l'intrigue de ce roman, il en a également transposé les personnages, faisant de Ziméo un double d'Oronoko. À cette source romanesque, il faut ajouter les nombreuses relations de voyage que Saint-Lambert a lues pour composer *Ziméo*, plus particulièrement l'*Histoire générale des voyages* (1747) de Prévost, la *Description de l'Afrique* (1686) d'Olfert Dapper, le *Voyage de Guinée* (1705) de Willem Bosman, le *Nouveau Voyage de Guinée* de William Smith (1751) et l'*Histoire de la Jamaïque* de Charles Leslie (1751), qui consacre de longs développements aux révoltes d'esclaves, dénonçant la tyrannie pratiquée dans les plantations et érigeant en héros les Noirs qui se sont rebellés. Enfin, Saint-Lambert puise aussi dans plusieurs classiques : le *Traité sur le gouvernement civil* (1690) de Locke, *De l'esprit des lois* (1748) de Montesquieu, *De l'esprit* (1758) d'Helvétius, ou encore les *Recherches philosophiques sur les Américains* (1771) de Cornélius de Pauw...

La genèse de *Madame de La Carlière*, quant à elle, n'est pas dissociable de la série des contes qu'écrit Diderot entre 1768 et 1772, qui s'ouvre avec *Les Deux Amis de Bourbonne* et se clôt avec le *Supplément au Voyage de Bougainville*, commencé durant l'été 1772, remanié en 1773 et repris en 1780. Plus précisément, on ne saurait séparer la rédaction de *Madame de La Carlière* de celle de *Ceci n'est pas un conte*. Les deux textes paraissent chacun en deux parties dans la *Correspondance littéraire*, le premier en avril et le second en mai 1773. La continuité entre les deux œuvres est soulignée dans les sous-titres donnés aux deux parties qui composent *Madame de La Carlière, conte* : « Second conte » et « Suite du second conte ». Par ailleurs, introduisant *Ceci n'est pas un conte*, Grimm écrit : « Le conte que l'on va lire est de M. Diderot, il sera suivi de plusieurs autres du même auteur. On ne verra qu'à la fin du dernier la morale et le but secret que l'auteur s'est proposés. » La première version du *Supplément au Voyage de Bougainville*, dernier conte de la « série » composée par l'auteur, suit de près la parution de *Madame de La Carlière*, puisqu'elle est publiée dans les livraisons de septembre et octobre 1773 et dans celles de mars et avril 1774. Cependant, contrairement à ce qu'a annoncé Grimm dans son avertissement, la morale et le but poursuivis par Diderot dans son triptyque sont loin d'être évidents. Il faut attendre les remaniements apportés au *Supplément* pour qu'ils le deviennent[1].

Une littérature de combats

En philosophes des Lumières, Voltaire, Saint-Lambert et Diderot se servent de leur plume comme d'une arme pour combattre les travers de leur siècle, incitant le lecteur à s'interroger sur la société et à réagir. À ce titre, Diderot, dans son texte, met en scène le lecteur lui-même en inscrivant l'histoire de Mme de La Carlière au sein d'un dialogue où celui qui raconte est sans cesse interrompu par son interlocuteur, « personnage qui [fait] à peu près le rôle du lecteur[2] ».

Les récits qui composent ce recueil ont en commun de pointer les grandes tares de leur siècle. Ils livrent ainsi une critique féroce du pouvoir politique aux mains du despote (Voltaire), condamnent le fanatisme religieux (Voltaire), la nature vénale des charges, qui ne récompensent pas le mérite ni la compétence mais sont attribuées à ceux que la fortune a favorisés (Voltaire), dénoncent le fonctionnement d'une justice arbitraire (Voltaire, Diderot), les atteintes à la liberté et au droit naturel que constitue l'esclavage (Voltaire, Saint-Lambert). Tous invitent le lecteur au relativisme et l'incitent à exercer sa raison. C'est seulement de cette façon

1. Voir dossier, p. 156.
2. Diderot, dans *Ceci n'est pas un conte* ; voir dossier, p. 151.

qu'il se protégera des « inconséquences [des] jugements publics », avertit Diderot[1].

Si les critiques des trois auteurs sont aussi efficaces sur le plan rhétorique, c'est parce que la forme du conte permet de concentrer les effets, de développer un raisonnement en privilégiant quelques arguments appuyés d'exemples éloquents, de stigmatiser les vices par le recours à l'ironie. Mais c'est aussi l'originalité de la construction des textes qui en fait de plaisants récits et participe de leur force de conviction et de persuasion. Tous s'inscrivent à la croisée de plusieurs genres.

À la croisée des genres

L'*Histoire des voyages de Scarmentado* procède à la fois du roman d'apprentissage et de la nouvelle historique. Ce conte est d'abord un roman d'initiation en abrégé. Scarmentado est envoyé à quinze ans étudier à Rome, première étape d'un long périple qui le conduit en France, en Angleterre, en Hollande, en Espagne, en Turquie, en Perse, en Chine et en Inde. Il ne rentre chez lui qu'au terme de ce parcours et après avoir été fait esclave par des corsaires nègres au large des côtes africaines. Mais ce récit rappelle aussi la nouvelle historique tant les références à l'Histoire sont nombreuses, particulièrement celles se rapportant au début du XVIIe siècle, « le temps des usurpateurs presque d'un bout du monde à l'autre », écrit Voltaire dans son *Essai sur les mœurs*. C'est en effet en 1615 que Scarmentado entreprend ses voyages. Mais Voltaire ne s'oblige pas à respecter une chronologie rigoureuse, faisant coïncider des événements historiques avec les aventures de son héros quand, dans la réalité, ils sont antérieurs ou posté-

1. Voir note p. 93.

rieurs. Cette convocation de l'Histoire lui permet de concentrer, dans un espace limité, un grand nombre d'exemples des dysfonctionnements de la société qui persistent dans son siècle et qu'il entend combattre.

Ziméo emprunte à la fois à la relation de voyage, au roman sensible, au roman d'éducation et à l'apologue[1]. « L'étude qui détruit le plus les préjugés, écrit Saint-Lambert dans *Les Saisons*, c'est l'étude des nations ; la lecture des voyageurs et les voyages nous ont plus éclairés dans un siècle, que toutes les universités et la lecture des Anciens avaient fait jusqu'alors. » Aussi n'est-il pas surprenant que l'auteur puise une importante partie de ses sources dans les relations de voyageurs et qu'il croise habilement récit biographique, histoire politique et étude à caractère anthropologique. « J'ai voyagé et je sais l'histoire », martèle le narrateur au tout début de ses « Réflexions sur les Nègres ». Mais *Ziméo* réunit aussi tous les lieux communs du roman sensible : l'idylle de Ziméo et Ellaroé dans le village africain au cadre champêtre, le rapt, les adversités, le bonheur des retrouvailles, la retraite à l'écart de la société..., nombre de scènes accompagnées des larmes, cris et étranglements de voix constitutifs du genre. Enfants de la nature, Ziméo et Ellaroé sont victimes du mercantilisme de vils négociants portugais mais l'amour triomphe de tous les obstacles. Par ailleurs, le récit rétrospectif auquel se livre Ziméo permet d'inscrire le conte dans la tradition du roman d'éducation et de l'envisager comme une réécriture partielle des *Aventures de Télémaque*[2] de Fénelon (1699) offrant, dans le rôle de Télémaque, Ziméo, dans celui de Mentor, Matomba, et présentant comme espace utopique le village d'Onébo au Bénin, « terre de simplicité et d'harmonie ».

1. Cette étude de *Ziméo* s'appuie sur l'analyse de Youmna Charara, *op. cit.*
2. ***Les Aventures de Télémaque*** : roman qui raconte le voyage entrepris par Télémaque pour retrouver son père Ulysse, prétexte d'un enseignement moral et politique délivré par Mentor, qui accompagne le jeune homme. Devenu un homme éclairé, Télémaque retourne à Ithaque.

L'histoire de Ziméo peut enfin être lue comme un apologue, un texte court qui illustre une thèse, prolongée et radicalisée dans les « Réflexions sur les Nègres ».

Quant à *Madame de La Carlière*, son cadre l'assimile à la promenade littéraire, dans la veine des *Rêveries du promeneur solitaire* de Rousseau (1776-1778), ensemble de réflexions faites en marchant qui mènent à la connaissance d'une vérité, mais aussi à la conversation, qui reproduit des échanges de salon, et au dialogue philosophique dans la tradition des dialogues platoniciens, qui met aux prises deux personnages désireux d'accéder à une vérité.

Visions de l'homme et du monde

Quelles visions de l'homme et du monde ressortent de la lecture de ces trois contes ? La structure répétitive et la tonalité de l'*Histoire des voyages de Scarmentado* traduisent le profond pessimisme de l'auteur. Aucun endroit du globe ne semble épargné par la tyrannie : présente dans la « ténébreuse » Afrique, elle sévit aussi dans la « sage » Asie et en Europe. À ce titre, Jacques Van den Heuvel indique qu'« un tel dégoût dans l'ironie chez un tempérament impulsif comme celui de Voltaire trahit une certaine chute de vitalité, et comme une abdication devant l'absurde [1] ». Considérant l'*Histoire des voyages de Scarmentado* comme un conte voltairien « réduit à sa plus simple expression », centré autour d'un héros qui n'en n'est pas un – à l'inverse de Babouc, Memnon ou Zadig ses aînés –, dont chaque étape revêt la forme

1. Jacques Van den Heuvel dans son édition des *Romans et contes* de Voltaire (Gallimard, « Bibliothèque de la Pléiade », 1979, p. 810).

d'un « procès-verbal » et dont le dénouement est « dérisoire », il conclut : « l'œuvre saisit par sa pauvreté même, et sa portée philosophique s'accroît singulièrement de l'économie des moyens littéraires qui y sont mis en œuvre. Elle symbolise le dénuement total de l'homme en face de son destin ». Sylvain Menant, moins radical, note que : « Tout comme Voltaire, le lecteur sait bien (ou croit savoir) que la réalité dans son ensemble n'est pas aussi totalement noire : l'accumulation exagérée des misères devient comique. Mais les faits étant réels (ou du moins fondés sur des réalités historiques), ce comique est ambigu. Le conte, ainsi, oscille subtilement entre le mouvement d'humeur et le constat philosophique, entre le tragique et le burlesque [1]. »

Ziméo offre sans conteste une vision plus nuancée de l'humanité dans les deux parties qui le constituent : la fiction suivie des « Réflexions ». Le conte de Saint-Lambert consiste d'abord en la réécriture idéalisée d'une révolte d'esclaves et paraît dénoncer la cruauté de la traite des Noirs, stigmatisant à la fois les circonstances dans lesquelles les Noirs sont faits prisonniers et leurs conditions de vie dans les plantations du Nouveau Monde. Mais, dans le même temps, le bon maître Wilmouth, que les esclaves sont prêts à sauver en donnant leur vie, offre l'exemple d'un esclavage paternaliste et constitue un écho de la position conservatrice qui exclut l'abolition jugée contre-productive. Le conte s'achève sur l'évocation de la signature d'un traité de paix entre colons et esclaves marrons et sur l'absolution des insurgés. Les réflexions qui succèdent à l'histoire offrent une perspective différente qui fait de l'abolition la condition nécessaire au progrès de l'humanité [2].

---

1. Sylvain Menant, dans *Contes en vers et en prose*, « Classiques Garnier », 1992, p. 202-203.

2. Nous suivons ici l'analyse de Youmna Charara ; pour une étude plus détaillée, voir *Fictions coloniales du XVIIIe siècle, op. cit.*, p. 36-38.

Enfin, c'est aussi une vision contrastée de la nature humaine que présente *Madame de La Carlière*. Diderot entend traiter de l'« inconvénient du jugement public de nos actions particulières [1] » et tout le conte s'en prend à la vindicte populaire, qui condamne chaque jour des individus pour leurs agissements sans autre forme de procès que des « bavardages insensés ». Mais la clausule du texte, qui introduit le récit à venir, le *Supplément au Voyage de Bougainville*, paraît absoudre partiellement les hommes en élargissant la réflexion à leur humaine condition, individus soumis à des lois mauvaises [2] : « Et puis j'ai mes idées, peut-être justes, à coup sûr bizarres, sur certaines actions que je regarde moins comme des vices de l'homme que comme des conséquences de nos législations absurdes, sources de mœurs aussi absurdes qu'elles et d'une dépravation que j'appellerais volontiers artificielle. Cela n'est pas trop clair, mais cela s'éclaircira peut-être une autre fois. »

1. Voir note p. 93.
2. Voir dossier, p. 156-157.

Archives Flammarion

■ Soirée chez Mme Geoffrin qui tenait salon à Paris et subventionna la publication de l'*Encyclopédie*, par Anicet Charles Lemonnier (1743-1824).

CHRONOLOGIE

1694 1803

- Repères historiques et culturels
- Vie et œuvre de Diderot, Saint-Lambert et Voltaire

Repères historiques et culturels

1643 Début du règne de Louis XIV.

1685 Révocation de l'édit de Nantes.

1697 Bayle, *Dictionnaire historique et critique*.
Perrault, *Histoires ou Contes du temps passé*.

1702 Début de la guerre de Succession d'Espagne.

1704 Début de la parution de la traduction des *Mille et Une Nuits* par Galland. Pétis de La Croix, *Les Mille et Un Jours*.

1713 Paix d'Utrecht. Fin de l'hégémonie française en Europe.
Bulle *Unigenitus* contre le jansénisme.
Challe, *Les Illustres Françaises*.

1715 Mort de Louis XIV ; régence de Philippe d'Orléans.

1717 Voyage du tsar Pierre le Grand à Paris.

1718 Mort du roi de Suède Charles XII.

1721 Montesquieu, *Lettres persanes*.

Vie et œuvre de Diderot, Saint-Lambert et Voltaire

1694 Naissance à Paris de François Marie Arouet, fils d'un riche notaire, qui prendra le pseudonyme de Voltaire en 1717.

1704 Voltaire entreprend de brillantes études chez les jésuites au collège Louis-le-Grand, à Paris.

1711 Voltaire commence des études de droit. Il fréquente les milieux littéraires et libertins du Temple. Il se rend en Hollande avec le marquis de Châteauneuf.

1713 Naissance à Langres de Denis Diderot, d'un père maître coutelier.

1713-1715 Voltaire est nommé secrétaire de l'ambassadeur de France à La Haye.

1716 Voltaire est contraint de s'exiler à Tulle puis à Sully-sur-Loire pour avoir écrit des vers satiriques contre le Régent. Naissance à Nancy de Jean-François de Saint-Lambert. Élevé par les jésuites, il s'engagera très tôt dans les gardes lorraines du roi de Pologne.

1717-1718 Voltaire est emprisonné pendant onze mois à la Bastille, en raison de ses écrits contre le Régent. Il rencontre son premier grand succès avec *Œdipe* (tragédie).

1721-1723 Voltaire est reçu par l'aristocratie comme poète mondain. Il écrit et fait paraître une première version de *La Henriade*, poème épique sur Henri IV et les guerres de Religion.

Repères historiques et culturels

1723	Mort du Régent. Début du règne personnel de Louis XV. Début du ministère du duc de Bourbon. Marivaux, *La Double Inconstance.*
1726	Début du ministère de Fleury qui exècre Voltaire. Swift, *Les Voyages de Gulliver.*
1730	Agitation janséniste à Paris. Marivaux, *Le Jeu de l'amour et du hasard* ; *La Vie de Marianne.* Hamilton, *Contes.*
1731	Prévost, *Manon Lescaut.*
1732	Début de la guerre de Succession de Pologne.
1734	Marivaux, *Le Paysan parvenu.* Montesquieu, *Considérations sur les causes de la grandeur des Romains et de leur décadence.*

Vie et œuvre de Diderot, Saint-Lambert et Voltaire

1723-1728 Diderot est élève au collège des jésuites de Langres. Destiné par sa famille à l'état ecclésiastique, il est tonsuré en 1726 mais ne peut hériter du canonicat de son oncle. En 1728, il poursuit ses études à Paris, au collège d'Harcourt.

1725 Voltaire organise les divertissements du mariage de Louis XV et devient poète officiel de la cour. Il est protégé par la reine et la favorite du Premier ministre, Mme de Prie.

1726-1728 À la suite d'une querelle avec le chevalier de Rohan, Voltaire est bastonné, emprisonné à la Bastille, puis exilé en Angleterre.

1730 Voltaire fait paraître son *Histoire de Charles XII* et écrit *Brutus* (tragédie).

1732 Voltaire triomphe avec *Zaïre* (tragédie).
Diderot est reçu maître ès arts de l'université de Paris. Il commence une carrière juridique mais y renonce et mène une vie de bohème, fréquentant les théâtres et vivant d'expédients divers.

1733 Voltaire publie *Le Temple du goût* et se lie avec Émilie du Châtelet.

1734 Voltaire fait paraître ses *Lettres philosophiques*. Craignant d'être arrêté, il se réfugie chez Mme du Châtelet à Cirey, en Champagne.

1735 Voltaire compose *La Mort de César* (tragédie).
Jeune poète, Saint-Lambert fréquente les cercles littéraires lorrains. Il rencontre Mme de Graffigny, qui le présente à Voltaire.

Repères historiques et culturels

1736 Crébillon, *Les Égarements du cœur et de l'esprit.*

1738 Fin de la guerre de Succession de Pologne : le roi détrôné, Stanislas Leszczynski, beau-père de Louis XV, reçoit la Lorraine.

1740 Début du règne de Frédéric II, roi de Prusse. Avènement de Marie-Thérèse d'Autriche. Invasion de la Silésie par Frédéric II peu après la parution de son *Anti-Machiavel.*

1741 Guerre de Succession d'Autriche.

1742 Caylus, *Contes orientaux.*
Cazotte, *Mille et Une Fadaises.*

1743 Mort du Premier ministre Fleury. Crébillon, *Le Sopha, conte moral.*

1745 Mme de Pompadour devient la favorite de Louis XV. Victoire française de Fontenoy.

1747 Mme de Graffigny, *Lettres d'une Péruvienne.*
Fondation de l'École nationale des ponts et chaussées.

Vie et œuvre de Diderot, Saint-Lambert et Voltaire

1736 Sa satire du *Mondain* ayant déclenché un scandale, Voltaire s'exile en Hollande et commence à correspondre avec le futur roi de Prusse Frédéric II.

1738 De retour à Paris, Voltaire publie ses *Éléments de la philosophie de Newton* et son *Discours en vers sur l'homme*. Les premiers chapitres de son *Siècle de Louis XIV* sont saisis.

1742 La tragédie de Voltaire *Mahomet ou le Fanatisme* est interdite à Paris.
Diderot se lie d'amitié avec Jean-Jacques Rousseau.

1743 Voltaire est envoyé en mission diplomatique secrète en Prusse auprès de Frédéric II.
Diderot épouse contre l'avis de son père une jeune lingère, Antoinette Champion.

1745 Voltaire revient en grâce auprès de Louis XV. Il est nommé historiographe du roi et écrit l'*Histoire de la guerre de 1741*, *Le Poème de Fontenoy* et *Le Temple de la gloire*. Il est élu à l'Académie française.

1746 Sous l'anonymat, Diderot fait paraître ses *Pensées philosophiques*, qui sont condamnées au feu par le parlement de Paris.

1747 Voltaire est en disgrâce. Il s'exile en Lorraine et publie *Memnon*, la première version de *Zadig ou la Destinée*.
Diderot se voit confier, avec d'Alembert, la direction de l'*Encyclopédie*. C'est le début d'une aventure qui durera près de vingt ans.

Repères historiques et culturels

1748 Paix d'Aix-la-Chapelle, qui met fin à la guerre de Succession d'Autriche.
Montesquieu, *De l'esprit des lois*.

1749 Buffon commence à publier son *Histoire naturelle*.

1750 Rousseau, *Discours sur les sciences et les arts*.
Maubert de Gouvest, *Lettres iroquoises*.

1751 *De l'esprit des lois* de Montesquieu est mis à l'Index.

1752 Début des conflits entre le roi et le Parlement.
Querelle des bouffons, qui oppose partisans de la musique française et tenants de la musique italienne.

1753 Grimm lance la *Correspondance littéraire* (qui sera éditée jusqu'en 1790).

1754 Condorcet, *Traité des sensations*.

Vie et œuvre de Diderot, Saint-Lambert et Voltaire

1748 Voltaire compose *Babouc ou le monde comme il va*. Avec Mme du Châtelet, il séjourne à la cour du roi de Pologne. Après avoir été l'amant de Mme de Boufflers, Saint-Lambert devient le rival de Voltaire auprès de Mme du Châtelet, au retour de celle-ci en France.
Diderot publie anonymement *Les Bijoux indiscrets*, un roman érotique qui fait scandale.

1749 Mme du Châtelet meurt en couches après avoir donné une fille à Saint-Lambert. Celui-ci gagne Paris.
De juillet à novembre, Diderot est emprisonné au donjon de Vincennes à la suite de la publication de sa *Lettre sur les aveugles à l'usage de ceux qui voient*.

1750 Voltaire séjourne à Berlin chez Frédéric II. Il publie *Le Siècle de Louis XIV* puis *Micromégas* et se brouille avec son hôte.

1751 Diderot publie sa *Lettre sur les sourds et muets* et le premier volume de l'*Encyclopédie*.
Saint-Lambert se lie avec Sophie d'Houdetot. Cette liaison durera jusqu'à sa mort. Introduit dans le salon de Mme Geoffrin, il y rencontre quelques-uns des plus grands esprits du temps : Marmontel, Helvétius, d'Alembert, Diderot…

1752 Diderot fait paraître le deuxième volume de l'*Encyclopédie*. Le Conseil d'État du roi ordonne la suppression de l'ouvrage, jugé dangereux pour les mœurs, la religion et le gouvernement.

1753 Voltaire fait paraître l'introduction de son futur *Essai sur les mœurs* et compose *Histoire des voyages de Scarmentado* qu'il ne publiera qu'en 1756.
L'interdiction de l'*Encyclopédie* est annulée. De 1753 à 1757 paraîtront ainsi cinq volumes, au rythme d'un par an.

Repères historiques et culturels

1755 Tremblement de terre de Lisbonne.
Rousseau, *Discours sur l'origine et les fondements de l'inégalité parmi les hommes.*

1756 Début de la guerre de Sept Ans qui ravagera l'Europe.

1757 Désastre français de Rossbach. Menaces contre les philosophes. Interruption de la publication de l'*Encyclopédie.*

1758 Rousseau, *Lettre à d'Alembert sur les spectacles.*
Helvétius, *De l'esprit.*

1759 L'*Encyclopédie* est jugée subversive par le Parlement. Le roi révoque les privilèges pour son impression et ordonne la destruction par le feu des sept premiers volumes.

1760 Palissot, *La Comédie des philosophes.*

1761 Début du procès des jésuites au parlement de Paris.
Fermeture des collèges jésuites par le Parlement.
Rousseau, *Julie ou la Nouvelle Héloïse.*

1762 Avènement de Catherine II de Russie.
Début de l'affaire Calas, protestant injustement accusé du meurtre de son fils et exécuté.
Expulsion des jésuites hors de France.

Vie et œuvre de Diderot, Saint-Lambert et Voltaire

1755 Voltaire publie son *Poème sur le désastre de Lisbonne* et commence à collaborer à l'*Encyclopédie*.
Diderot et Sophie Volland entament leur correspondance.

1756 Voltaire fait paraître son *Essai sur les mœurs*.
Saint-Lambert obtient le titre de chevalier et collabore à l'*Encyclopédie*. Il fréquente les proches du baron d'Holbach et rencontre Raynal et Rousseau.

1757 Voltaire intervient dans les négociations secrètes qui ont lieu entre la France et Frédéric II.
Diderot fait paraître *Le Fils naturel* et les *Entretiens sur Le Fils naturel*, et collabore au bulletin de son ami Grimm, la *Correspondance littéraire*.
Victime d'une attaque de paralysie, Saint-Lambert est contraint de renoncer au métier des armes. Il se consacre à la poésie et fréquente les salons de Mme d'Épinay, de Mme de Lespinasse et de Mme du Deffand.

1758 Voltaire achète une propriété à Ferney, à la frontière suisse. Il compose *Candide ou l'Optimisme*. Diderot publie *Le Père de famille* et le *Discours sur la poésie dramatique*.

1759 Voltaire publie divers pamphlets contre les ennemis des philosophes.
Diderot s'exerce à la critique d'art en écrivant, à l'occasion de l'exposition de l'Académie royale de peinture et de sculpture, son premier *Salon* pour la *Correspondance littéraire*.

1760 Voltaire fait paraître *Tancrède*, tragédie historique dédiée à Mme de Pompadour.
Diderot entreprend la rédaction de *La Religieuse*. On commence à jouer ses drames, notamment *Le Père de famille*, avec succès.

1762 Voltaire s'engage dans l'affaire Calas.
Diderot écrit *Le Neveu de Rameau*.

Repères historiques et culturels

1763 Fin de la guerre de Sept Ans : la France perd le Canada et les Indes.

1764 Mort de Mme de Pompadour.
L'ordre des Jésuites est supprimé en France.

1765 Le protestant Sirven est injustement accusé du meurtre de sa fille. Il se réfugie en Suisse mais est condamné à mort par contumace.

1766 Exécution du chevalier de La Barre pour impiété. Le *Dictionnaire philo-sophique* est brûlé sur son corps.
Expulsion des jésuites hors d'Espagne.

1768 Marmontel fait jouer à Paris son adaptation de *L'Ingénu*.

1769 Mercier, *Contes moraux*.

1770 D'Holbach, *Le Système de la Nature*.
Raynal, *Histoire des deux Indes*.
Rousseau rédige la fin de ses *Confessions* (une autobiographie commencée en 1765).

1771 Mercier, *L'An 2440*.

Vie et œuvre de Diderot, Saint-Lambert et Voltaire

1763 Voltaire publie son *Traité sur la tolérance* et ses *Contes de Guillaume Vadé*.

1764 Voltaire fait paraître son *Dictionnaire philosophique* et *Jeannot et Colin*.

1765 Saint-Lambert, *Aventure d'un jeune officier anglais chez les sauvages Abenakis*.
Voltaire obtient la réhabilitation de Jean Calas.
L'impératrice Catherine II de Russie achète à Diderot sa bibliothèque. Celui-ci entreprend la rédaction de *Jacques le Fataliste et son maître*, antiroman, révisé en 1773 et publié en 1778.

1766 Les dix derniers volumes de l'*Encyclopédie* (t. VIII à XVII) sont imprimés secrètement, sans privilège.

1767 Voltaire fait paraître *L'Ingénu*.

1768 Voltaire publie *La Princesse de Babylone* et *L'Homme aux quarante écus*.

1769 Saint-Lambert publie ses *Saisons* dans un volume comprenant aussi plusieurs textes narratifs dont *Ziméo*, qui donne lieu à des comptes rendus élogieux.

1770 Voltaire travaille à son ultime somme philosophique : les *Questions sur l'Encyclopédie*.
Diderot compose *Les Deux Amis de Bourbonne*, le *Voyage à Bourbonne et à Langres* et l'*Entretien d'un père avec ses enfants*.
Saint-Lambert collabore à l'*Histoire des deux Indes* de l'abbé Raynal et est élu à l'Académie française. Il publie *Les Deux Amis, conte iroquois* et une *Idylle tirée du poème des Saisons*.

1771 Diderot écrit un compte rendu du *Voyage autour du monde* de Bougainville.

Repères historiques et culturels

1772	Partage de la Pologne. Cazotte, *Le Diable amoureux*. Lavoisier fonde la chimie moderne.
1773	Les jésuites sont expulsés d'Autriche. Leur ordre est dissous par le pape. Ils sont accueillis en Prusse.
1774	Mort de Louis XV ; avènement du règne de Louis XVI. Début du ministère de Turgot aux Finances.
1775	Début de la guerre d'indépendance américaine. Beaumarchais, *Le Barbier de Séville*.
1776	Renvoi de Turgot. Début du ministère de Necker. Début de la rédaction des *Rêveries du promeneur solitaire* par Rousseau.
1777	Marmontel, *Les Incas*.
1778	Traité d'alliance de la France avec les Insurgés d'Amérique. Mort de Rousseau. Mercier, *De la littérature et des littérateurs*.
1782	Laclos, *Les Liaisons dangereuses*.
1784	Beaumarchais, *Le Mariage de Figaro*. Bernardin de Saint-Pierre, *Étude de la nature* (jusqu'en 1788). Kant, *Qu'est-ce que les Lumières ?* Mendelssohn, *Que signifie éclairer ?*

Vie et œuvre de Diderot, Saint-Lambert et Voltaire

1772 Voltaire publie son *Épître à Horace*.
Diderot rédige *Ceci n'est pas un conte*, *Madame de La Carlière* (qu'il publiera l'année suivante), travaille au *Supplément au Voyage de Bougainville* et collabore à la seconde édition de l'*Histoire des deux Indes* de l'abbé Raynal.
Saint-Lambert fait paraître ses *Fables orientales*, en prose.

1773 Diderot se rend à Saint-Pétersbourg. Il révise *Le Neveu de Rameau*.

1774 Voltaire publie un conte biblique, *Le Taureau blanc*.

1778 De retour à Paris après vingt-huit ans d'absence, Voltaire reçoit un accueil triomphal. Il meurt le 30 mai.

1778-1780 Diderot révise le *Paradoxe sur le comédien* et *La Religieuse* et collabore à la troisième édition de l'*Histoire des deux Indes* de Raynal.

1784 Sophie Volland meurt le 22 février. Diderot, inconsolable, meurt le 31 juillet. Nombreux sont les textes qu'il n'a pas publiés de son vivant. Ainsi, paraîtront à titre posthume : en 1796, *Opuscules philosophiques*, *La Religieuse*, *Essais sur la peinture* ; en 1830, *La Promenade du sceptique*, *Paradoxe sur le comédien* et *Le Rêve de d'Alembert*.

1787 Saint-Lambert, qui est en relation avec les administrateurs chargés des colonies en France, participe à l'élaboration des projets de réforme du Comité de législation concernant les « hommes de couleur » de Saint-Domingue.

Repères historiques et culturels

1788 Bernardin de Saint-Pierre, *Paul et Virginie*.

1789 Prise de la Bastille, qui marque le début de la Révolution française (14 juillet).
Abolition des privilèges (nuit du 4 août).
Déclaration des droits de l'homme et du citoyen.

1793 Louis XVI est guillotiné.

1794 Chute de Robespierre.

Vie et œuvre de Diderot, Saint-Lambert et Voltaire

1788 Saint-Lambert adhère à la Société des amis des Noirs qui milite en faveur d'une abolition progressive de l'esclavage dans les colonies françaises.

1789 Député de la noblesse pour le bailliage de Nancy, Saint-Lambert représente la Lorraine à la réunion des États généraux.

1791 Les cendres de Voltaire sont transférées au Panthéon.

1803 Saint-Lambert meurt à Paris.

Trois Contes philosophiques

■ Bûcher de l'Inquisition à Lisbonne au XVIIe siècle. Gravure. Paris, Bibliothèque du musée des Arts décoratifs.

VOLTAIRE

Histoire des voyages de Scarmentado, écrite par lui-même [1] (1756)

1. Ce titre parodie celui des récits de voyages authentiques, qui connaissent une remarquable fortune au XVIIIe siècle, où paraissent de nombreuses collections de voyages, dont l'*Histoire générale des voyages* de l'abbé Antoine François Prévost d'Exiles (1697-1763). La consonance italienne du patronyme « Scarmentado » s'explique par les origines crétoises du personnage, la Crète ayant été, de 1204 à 1645, une possession vénitienne. En italien, *scarso* signifie « maigre » et *mentado*, « doué d'esprit ». Au seuil du conte, le nom du personnage suggère un être doué de peu d'esprit, naïf. La mention « écrite par lui-même » a pour objectif de confirmer au lecteur qu'il s'agit d'une histoire « véritable » ou « authentique ».

Archives Flammarion

■ Portrait de Voltaire, par Quentin de La Tour, vers 1735.

Note sur l'établissement du texte : le texte de la présente édition reprend celui de la première publication, dans la *Suite des mélanges de littérature, d'histoire et de philosophie*, cinquième tome de la *Collection complète des œuvres de M. de Voltaire* publié à Genève par les frères Cramer en 1756. Le conte a fait l'objet de nombreuses rééditions, quelquefois notamment sous le titre *Voyages de Scarmentado*.

Je naquis dans la ville de Candie[1] en 1600. Mon père en était gouverneur; et je me souviens qu'un poète médiocre qui n'était pas médiocrement dur, nommé Iro[2], fit de mauvais vers à ma louange, dans lesquels il me faisait descendre de Minos en droite ligne; mais mon père ayant été disgracié, il fit d'autres vers où je ne descendais plus que de Pasiphaé et de son amant[3]. C'était un bien méchant homme que cet Iro, et le plus ennuyeux coquin qui fût dans l'île.

---

1. *Candie* : capitale de la Crète, île qui fut une possession vénitienne de 1204 à 1645.

2. *Iro* : Iro est l'anagramme de Roi; référence au poète Pierre-Claude Roy (1683-1764), membre de l'Académie des inscriptions, que Voltaire détestait pour deux raisons au moins : d'abord parce que, en 1733, il avait critiqué avec virulence son *Temple du goût*, ensuite parce que, après la victoire française de Fontenoy contre l'armée britannique en 1745, pendant la guerre de Succession d'Autriche, il s'était affirmé comme un sérieux rival de Voltaire dans le genre de l'éloge poétique. Dans ce passage, Voltaire se moque des poèmes que Roy dédiait en toutes circonstances à Louis XV. D'après certains critiques, Voltaire aurait abandonné son patronyme, Arouet, afin de ne plus être confondu par le public avec Roy, qu'on prononçait alors «roué».

3. *Minos* est un souverain légendaire de l'île de Crète. C'est parce que son épouse *Pasiphaé* le trompa avec un taureau qu'elle engendra un monstre mi-homme mi-taureau, le Minotaure. En faisant descendre Scarmentado de deux figures fameuses de la mythologie grecque, Voltaire renoue avec la tradition antique autorisant les poètes à inscrire leurs personnages dans une illustre généalogie, tout en poursuivant son allusion satirique à la flagornerie de Pierre-Claude Roy.

Mon père m'envoya, à l'âge de quinze ans, étudier à Rome[1]. J'arrivai dans l'espérance d'apprendre toutes les vérités ; car jusque-là on m'avait enseigné tout le contraire, selon l'usage de ce bas monde depuis la Chine, jusqu'aux Alpes. Monsignor Profondo[2], à qui j'étais recommandé, était un homme singulier, et un des plus terribles savants qu'il y eût au monde. Il voulut m'apprendre les catégories d'Aristote[3], et fut sur le point de me mettre dans la catégorie de ses mignons[4] : je l'échappai belle. Je vis des processions, des exorcismes, et quelques rapines[5]. On disait, mais très faussement, que la signora Olimpia[6], personne d'une grande prudence, vendait beaucoup de choses qu'on ne doit point vendre.

J'étais dans un âge où tout cela me paraissait fort plaisant. Une jeune dame de mœurs très douces, nommée la signora

---

1. ***Rome*** : au XVIIIe siècle, les jeunes aristocrates complétaient leur éducation en accomplissant un voyage dans les grandes métropoles européennes. Ce périple permet à Voltaire de décrire nombre de mœurs et de croyances tout en conférant à son conte la forme d'un roman d'apprentissage en raccourci. L'Italie compte à cette époque de nombreuses villes universitaires renommées. Si Voltaire choisit Rome, c'est pour pouvoir se livrer plus aisément à une satire du Vatican.

2. ***Monsignor*** est le titre réservé aux dignitaires de la cour romaine. En l'attribuant à un précepteur pour le moins original et en l'affublant du nom « Profondo », que le lecteur traduit par « profond », Voltaire use de l'ironie pour stigmatiser le piètre enseignement dispensé par le personnage.

3. Chez Aristote (384-322 av. J.-C.) et ses disciples, le mot « catégories » désigne plusieurs éléments de la pensée méthodique. Voltaire n'apprécie pas cette philosophie, qu'il juge artificielle et qu'il a déjà critiquée dans le chapitre « Le ministre » de *Zadig ou la Destinée* (1747).

4. L'emploi du mot « catégorie » est ici ironique. En effet, après les catégories aristotéliciennes, le texte évoque, avec le mot « mignons », l'homosexualité des membres du clergé et des Italiens, une idée reçue de l'époque.

5. ***Rapines*** : vols, pillages.

6. Allusion à Olympia Maldachini, belle-sœur du pape Innocent X. Elle aurait exercé une grande influence sur le pontife et, par ses intrigues, aurait amassé une grosse fortune. Comme à son habitude, Voltaire joue avec la chronologie : alors qu'Innocent X a officié de 1644 à 1655, il situe le passage de Scarmentado à Rome en 1615.

Fatelo[1] s'avisa de m'aimer. Elle était courtisée par le révérend père Poignardini, et par le révérend père Aconiti[2], jeunes profès [3] d'un ordre qui ne subsiste plus : elle les mit d'accord en me donnant ses bonnes grâces ; mais en même temps je courus le risque d'être excommunié et empoisonné. Je partis, très content de l'architecture de Saint-Pierre [4].

Je voyageai en France ; c'était le temps du règne de Louis le Juste[5]. La première chose qu'on me demanda, ce fut si je voulais à mon déjeuner un petit morceau du maréchal d'Ancre, dont le peuple avait fait rôtir la chair, et qu'on distribuait à fort bon compte à ceux qui en voulaient.

Cet État était continuellement en proie aux guerres civiles, quelquefois pour une place au Conseil, quelquefois pour deux pages de controverse [6]. Il y avait plus de soixante ans que ce feu, tantôt couvert et tantôt soufflé avec violence, désolait ces beaux climats. C'étaient là les libertés de l'Église

---

1. Le nom « Fatelo » se traduit littéralement en français par « Faites-le », allusion bien sûr à l'amour, les courtisanes romaines étant à l'époque célèbres pour leurs attraits.

2. Le nom « Aconiti » est dérivé du terme « aconit », « espèce de plante vénéneuse » (*Dictionnaire de l'Académie*, 1694).

3. ***Profès*** : qui a prononcé ses vœux dans un ordre religieux.

4. Référence à la basilique Saint-Pierre de Rome (Vatican), le plus vaste des temples chrétiens.

5. ***Louis le Juste*** : il s'agit de Louis XIII (1601-1643), fils d'Henri IV et de Marie de Médicis, et roi de France de 1610 à 1643. Il doit son surnom « le Juste » au souci qu'il montrait pour le bien-être de son peuple. Mais Voltaire emploie ironiquement cette dénomination : il reprochait en effet au roi d'avoir ordonné l'exécution de son Premier ministre. Ce dernier, le maréchal d'Ancre – Concino Concini (1575-1617) –, fut le favori de Marie de Médicis pendant la régence qu'elle assura à la mort d'Henri IV, en 1610. L'impopularité du maréchal, liée à la la tyrannie avec laquelle il exerça le pouvoir, lui valut après son assassinat sur les ordres de Louis XIII d'être déterré par le peuple, qui découpa son corps en morceaux qu'il fit cuire et mangea (voir Voltaire, *Essai sur les mœurs*, 1756, chap. CLXXV).

6. ***Controverse*** : débat, polémique.

gallicane[1]. « Hélas ! dis-je, ce peuple est pourtant né doux : qui peut l'avoir tiré ainsi de son caractère ? Il plaisante, et il fait des Saint-Barthélemy[2]. Heureux le temps où il ne fera que plaisanter ! »

Je passai en Angleterre : les mêmes querelles y excitaient les mêmes fureurs. De saints catholiques avaient résolu, pour le bien de l'Église, de faire sauter en l'air, avec de la poudre, le roi, la famille royale, et tout le parlement, et de délivrer l'Angleterre de ces hérétiques[3]. On me montra la place où la bienheureuse reine Marie[4], fille de Henri VIII, avait fait brûler plus de cinq cents de ses sujets. Un prêtre hibernois[5] m'assura que c'était une très bonne action : premièrement, parce que ceux qu'on avait brûlés étaient Anglais ; en second lieu, parce qu'ils ne prenaient jamais d'eau bénite, et qu'ils ne croyaient pas au trou de saint Patrice[6]. Il s'étonnait surtout que la reine Marie ne fût pas encore canonisée ;

---

1. À l'égard de Rome, l'Église de France, qui était placée sous l'autorité du roi, jouissait d'une certaine indépendance, qu'elle revendiquait comme traditionnelle. Voltaire stigmatise cette indépendance qui, pour lui, ne peut être que source de conflits entre le religieux et le politique.

2. Allusion au massacre des protestants la nuit de la Saint-Barthélemy, 23-24 août 1572, qui fit plusieurs milliers de victimes.

3. Allusion à la conspiration des Poudres, complot organisé par des catholiques anglais, qui visait le Parlement et le roi protestant Jacques Ier, au pouvoir de 1603 à 1625, ainsi que sa famille et une partie de l'aristocratie. Une bombe devait exploser lors de la cérémonie d'ouverture du Parlement le 5 novembre 1605, dans le palais de Westminster à Londres. Éventée par une indiscrétion, la conspiration échoua et les conjurés furent pendus et écartelés.

4. Il s'agit de Marie Tudor, née en 1516, reine d'Angleterre et d'Irlande de 1553 jusqu'à sa mort, en 1558. Surnommée « Marie la Sanglante » en raison des persécutions qu'elle ordonna à l'encontre des protestants, elle restaura le catholicisme en Angleterre, après le règne d'Édouard VI (1547-1553), qui avait favorisé la propagation du protestantisme dans le royaume.

5. ***Hibernois*** : Irlandais. Les Irlandais avaient alors la réputation d'être de fervents catholiques.

6. « Le trou de saint Patrice est très fameux en Irlande. C'est par là que ces messieurs disent qu'on descend en enfer » (Voltaire, *Questions sur les miracles*, 1765, Lettre VII).

■ Conspiration des Poudres, exécution des conjurés, en janvier 1606. Gravure de N. de Vischer. Paris, musée des Arts décoratifs.

mais il espérait qu'elle le serait bientôt, quand le cardinal-neveu[1] aurait un peu de loisir.

J'allai en Hollande, où j'espérais trouver plus de tranquillité chez des peuples plus flegmatiques. On coupait la tête à un vieillard vénérable lorsque j'arrivai à La Haye. C'était la tête chauve du Premier ministre Barneveldt, l'homme qui avait le mieux mérité de la république[2].

Touché de pitié, je demandai quel était son crime, et s'il avait trahi l'État. « Il a fait bien pis, me répondit un prédicant à manteau noir[3] ; c'est un homme qui croit que l'on peut se sauver par les bonnes œuvres aussi bien que par la foi. Vous sentez bien que, si de telles opinions s'établissaient, une république ne pourrait subsister, et qu'il faut des lois sévères pour réprimer de si scandaleuses horreurs. » Un profond politique du pays me dit en soupirant : « Hélas ! monsieur, le bon temps ne durera pas toujours ; ce n'est que par hasard que ce peuple est si zélé ; le fond de son caractère est porté au dogme abominable de la tolérance, un jour il y viendra : cela fait frémir. » Pour moi, en attendant que ce temps funeste de la modération et de l'indulgence fût arrivé, je quittai bien vite un pays où la sévérité n'était adoucie par aucun agrément, et je m'embarquai pour l'Espagne.

---

1. Voltaire dénonce ici la pratique ayant consisté pour plusieurs papes à attribuer des charges de cardinal à leurs neveux alors même que ces derniers n'étaient pas véritablement investis dans la religion.

2. Allusion à Jan Van Oldenbarnevelt (1547-1619), grand pensionnaire (gouverneur) de Hollande qui obtint de la France (1586), de l'Angleterre (1596) puis de l'Espagne (1609) la reconnaissance de la république des Provinces-Unies (État fédéral comprenant la partie septentrionale des Pays-Bas). Il défendit celle-ci contre Maurice de Nassau qui devint prince d'Orange en 1518 et le fit exécuter.

3. ***Un prédicant à manteau noir*** : un janséniste, qui s'oppose aux jésuites. Les jansénistes tiennent leur nom de Jansénius, théologien hollandais (1585-1638) dont ils reprennent la pensée, et soutiennent qu'aux seuls élus est promis le paradis ; les jésuites, membres de la compagnie de Jésus fondée en 1540 par Ignace de Loyola, théologien espagnol (1491 ?-1556), considèrent que Dieu accorde à tous les hommes le salut qu'ils méritent par leurs actions.

La cour était à Séville, les galions [1] étaient arrivés, tout respirait l'abondance et la joie dans la plus belle saison de l'année. Je vis au bout d'une allée d'orangers et de citronniers une espèce de lice [2] immense entourée de gradins couverts d'étoffes précieuses. Le roi, la reine, les infants, les infantes [3], étaient sous un dais superbe. Vis-à-vis de cette auguste [4] famille était un autre trône, mais plus élevé. Je dis à un de mes compagnons de voyage : « À moins que ce trône ne soit réservé pour Dieu, je ne vois pas à quoi il peut servir. » Ces indiscrètes paroles furent entendues d'un grave Espagnol, et me coûtèrent cher. Cependant je m'imaginais que nous allions voir quelque carrousel ou quelque fête de taureaux, lorsque le grand inquisiteur [5] parut sur ce trône d'où il bénit le roi et le peuple.

Ensuite vint une armée de moines défilant deux à deux, blancs, noirs, gris, chaussés, déchaussés, avec barbe, sans barbe, avec capuchon pointu, et sans capuchon ; puis marchait le bourreau ; puis on voyait au milieu des alguazils [6] et des grands environ quarante personnes couvertes de sacs sur lesquels on avait peint des diables et des flammes [7]. C'étaient des juifs qui n'avaient pas voulu renoncer absolument à Moïse [8], c'étaient des chrétiens qui avaient épousé

1. ***Galions*** : navires qui rapportaient chaque année à la couronne espagnole les contributions en or de ses colonies, principale richesse du royaume.
2. ***Lice*** : champs clos où se déroulaient des joutes, des tournois.
3. ***Infants, infantes*** : titres des enfants puînés (cadets) des rois d'Espagne et de Portugal.
4. ***Auguste*** : grande, noble.
5. ***Grand inquisiteur*** : chef du tribunal ecclésiastique de l'Inquisition, chargé de réprimer l'hérésie.
6. ***Alguazils*** : officiers de police.
7. Allusion à la pratique de l'autodafé (mot portugais qui signifie « acte de foi »), cérémonie au cours de laquelle les hérétiques condamnés au supplice du feu étaient conviés à faire « acte de foi » pour mériter leur rachat dans l'autre monde. Les sacs évoqués par le texte sont des « samarras », robes sur lesquelles étaient peintes des flammes symbolisant l'enfer auquel étaient destinés les hérétiques.
8. En Espagne, nombreux furent les juifs contraints de se convertir ou de s'exiler. Certains se convertirent en apparence mais continuèrent de pratiquer dans le secret leur religion.

leurs commères[1], ou qui n'avaient pas adoré Notre-Dame d'Atocha[2], ou qui n'avaient pas voulu se défaire de leur argent comptant en faveur des frères hiéronymites[3]. On chanta dévotement de très belles prières, après quoi on brûla à petit feu tous les coupables; de quoi toute la famille royale parut extrêmement édifiée.

Le soir, dans le temps que j'allais me mettre au lit, arrivèrent chez moi deux familiers de l'Inquisition[4] avec la sainte Hermandad[5] : ils m'embrassèrent tendrement, et me menèrent, sans me dire un seul mot, dans un cachot très frais, meublé d'un lit de natte et d'un beau crucifix. Je restai là six semaines, au bout desquelles le révérend père inquisiteur m'envoya prier de venir lui parler : il me serra quelque temps entre ses bras, avec une affection toute paternelle; il me dit qu'il était sincèrement affligé d'avoir appris que je fusse si mal logé; mais que tous les appartements de la maison étaient remplis, et qu'une autre fois il espérait que je serais plus à mon aise. Ensuite il me demanda cordialement si je ne savais pas pourquoi j'étais là. Je dis au révérend père que c'était apparemment pour mes péchés. «Eh bien, mon cher enfant, pour quel péché? Parlez-moi avec confiance.» J'eus beau imaginer, je ne devinai point; il me mit charitablement sur les voies.

Enfin je me souvins de mes indiscrètes paroles. J'en fus quitte pour la discipline[6] et une amende de trente mille réales[7]. On me

---

1. ***Commères*** : marraines d'un enfant, par rapport aux parrains, aux parents. D'après le droit canon, le parrain et la marraine d'un même enfant ne pouvaient se marier ensemble. Cependant, la transgression de cet interdit ne constituait pas une faute grave et était tolérée (voir Voltaire, *L'Ingénu*, 1767).
2. ***Notre-Dame d'Atocha*** : statue de la Vierge Marie vénérée à Madrid.
3. ***Frères hiéronymites*** : religieux prédicateurs de l'ordre de saint Jérôme, très répandus en Espagne.
4. ***Familiers de l'Inquisition*** : officiers de l'Inquisition chargés d'arrêter les personnes suspectées d'hérésie.
5. ***Sainte Hermandad*** : institution espagnole fondée au XVe siècle pour lutter contre le brigandage.
6. ***La discipline*** : le fouet.
7. Le ***réal*** est une ancienne monnaie espagnole.

mena faire la révérence au grand inquisiteur : c'était un homme qui me demanda comment j'avais trouvé sa petite fête. Je lui dis que cela était délicieux, et j'allai presser mes compagnons de voyage de quitter ce pays, tout beau qu'il est. Ils avaient eu le temps de s'instruire de toutes les grandes choses que les Espagnols avaient faites pour la religion. Ils avaient lu les mémoires du fameux évêque de Chiapa [1], par lesquels il paraît qu'on avait égorgé, ou brûlé, ou noyé dix millions d'infidèles en Amérique pour les convertir. Je crus que cet évêque exagérait ; mais quand on réduirait ces sacrifices à cinq millions de victimes, cela serait encore admirable.

Le désir de voyager me pressait toujours. J'avais compté finir mon tour de l'Europe par la Turquie ; nous en prîmes la route. Je me proposai bien de ne plus dire mon avis sur les fêtes que je verrais. « Ces Turcs, dis-je à mes compagnons, sont des mécréants [2] qui n'ont point été baptisés, et qui par conséquent seront bien plus cruels que les révérends pères inquisiteurs. Gardons le silence quand nous serons chez les mahométans [3]. »

J'allai donc chez eux. Je fus étrangement surpris de voir en Turquie beaucoup plus d'églises chrétiennes qu'il n'y en avait dans Candie. J'y vis jusqu'à des troupes nombreuses de moines qu'on laissait prier la vierge Marie librement, et maudire Mahomet, ceux-ci en grec, ceux-là en latin, quelques autres en arménien [4]. « Les bonnes gens que les Turcs ! » m'écriai-je. Les

---

1. Il s'agit de Bartolomé de Las Casas (1472-1566), dominicain qui prit la défense des Indiens et condamna avec virulence les exactions perpétrées par les Espagnols au nom de Dieu dans sa *Brevissima relacion de la destruccion de las Indias* (*Très Brève Relation de la destruction des Indes*), publiée pour la première fois en 1542 et traduite en français en 1582.

2. ***Mécréants*** : infidèles, impies, incroyants.

3. ***Mahométans*** : musulmans.

4. Des populations d'origines diverses vivaient dans l'Empire ottoman dans une harmonie que favorisait une liberté de culte protégée par le pouvoir, d'où la présence de diverses branches du christianisme là où la religion officielle était l'islam (voir Voltaire, *Essai sur les mœurs*, 1756, chap. XCI).

chrétiens grecs et les chrétiens latins étaient ennemis mortels dans Constantinople ; ces esclaves se persécutaient les uns les autres, comme des chiens qui se mordent dans la rue, et à qui leurs maîtres donnent des coups de bâtons pour les séparer. Le grand vizir protégeait alors les Grecs. Le patriarche grec m'accusa d'avoir soupé chez le patriarche latin, et je fus condamné en plein divan [1] à cent coups de latte sur la plante des pieds, rachetables de cinq cents sequins [2]. Le lendemain le grand vizir [3] fut étranglé ; le surlendemain son successeur, qui était pour le parti des Latins, et qui ne fut étranglé qu'un mois après, me condamna à la même amende pour avoir soupé chez le patriarche grec. Je fus dans la triste nécessité de ne plus fréquenter ni l'église grecque ni la latine. Pour m'en consoler, je pris à loyer une fort belle Circassienne [4], qui était la personne la plus tendre dans le tête-à-tête, et la plus dévote à la mosquée. Une nuit, dans les doux transports de son amour, elle s'écria en m'embrassant Alla, Illa, Alla [5] : ce sont les paroles sacramentales des Turcs : je crus que c'étaient celles de l'amour ; je m'écriai aussi fort tendrement « Alla, Illa, Alla. – Ah ! me dit-elle, le Dieu miséricordieux soit loué ! vous êtes Turc. » Je lui dis que je le bénissais de m'en avoir donné la force, et je me crus trop heureux. Le matin

---

1. ***Divan*** : conseil du sultan dans l'Empire ottoman.

2. Le ***sequin*** est une ancienne monnaie d'or de Venise, qui avait cours en Italie et dans le Levant (régions de la Méditerranée orientale).

3. ***Grand vizir*** : haut dignitaire turc. Posséder de hautes fonctions n'était pas sans risque dans l'Empire ottoman, le sultan n'hésitant pas à exiler ou mettre à mort ses sujets, ainsi que le rappelle Voltaire dans son *Histoire de Charles XII* (1730).

4. Dans la tradition du conte oriental, les esclaves circassiennes passent pour être les plus belles des sérails.

5. La véritable formule est « la ilah illallah », qui signifie « seul Allah est Dieu ». Dans la religion musulmane, c'est par elle que le croyant confirme son appartenance à l'islam. Scarmentado semble rompre son engagement par la suite, comportement puni de mort.

l'iman vint pour me circoncire[1] et, comme je fis quelque difficulté, le cadi[2] du quartier, homme loyal, me proposa de m'empaler : je sauvai mon prépuce et mon derrière avec mille sequins, et je m'enfuis vite en Perse, résolu de ne plus entendre ni messe grecque ni latine en Turquie, et de ne plus crier : Alla, Illa, Alla, dans un rendez-vous.

En arrivant à Ispahan[3] on me demanda si j'étais pour le mouton noir ou pour le mouton blanc. Je répondis que cela m'était fort indifférent, pourvu qu'il fût tendre. Il faut savoir que les factions du Mouton blanc et du Mouton noir partageaient encore les Persans. On crut que je me moquais des deux partis ; de sorte que je me trouvai déjà une violente affaire sur les bras aux portes de la ville : il m'en coûta encore grand nombre de sequins pour me débarrasser des moutons.

Je poussai jusqu'à la Chine avec un interprète, qui m'assura que c'était là le pays où l'on vivait librement et gaiement. Les Tartares s'en étaient rendus maîtres[4], après avoir tout mis à feu et à sang ; et les révérends pères jésuites d'un côté, comme les révérends pères dominicains[5] de l'autre, disaient qu'ils y gagnaient des âmes à Dieu, sans que personne en sût rien. On

---

1. ***Circoncire*** : soumettre à la circoncision, c'est-à-dire à l'ablation totale ou partielle du prépuce. La circoncision est une des marques d'appartenance à l'islam. « Il était ordonné dans l'ancienne loi de circoncire les enfants mâles. Les juifs, les mahométans font circoncire leurs enfants mâles » (*Dictionnaire de l'Académie*, 1694).

2. ***Cadi*** : juge musulman. « Nom qu'on donne à un juge chez les Turcs » (*Dictionnaire de l'Académie*, 1694).

3. ***Ispahan*** : capitale de la Perse.

4. C'est à partir de 1616 que les Tartares, ou plus précisément les Mandchous, commencèrent à envahir la Chine. Cependant, la conquête complète de la Chine, que vint couronner la fondation de la dynastie mandchoue, fut réalisée en 1644, soit près de vingt ans après le passage supposé de Scarmentado dans la région, même si, dans son *Essai sur les mœurs*, Voltaire fixe à avant 1626 la date de cette fondation (voir Voltaire, *Essai sur les mœurs*, 1756, chap. CXCV).

5. ***Dominicains*** : religieux de l'ordre des Frères prêcheurs, fondé au XIIIe siècle par saint Dominique.

n'a jamais vu de convertisseurs si zélés : car ils se persécutaient les uns les autres tour à tour; ils écrivaient à Rome des volumes de calomnies; ils se traitaient d'infidèles et de prévaricateurs [1] pour une âme. Il y avait surtout une horrible querelle entre eux sur la manière de faire la révérence. Les jésuites voulaient que les Chinois saluassent leurs pères et leurs mères à la mode de la Chine, et les dominicains voulaient qu'on les saluât à la mode de Rome [2]. Il m'arriva d'être pris par les jésuites pour un dominicain. On me fit passer chez Sa Majesté tartare pour un espion du pape. Le conseil suprême chargea un premier mandarin [3], qui ordonna à un sergent, qui commanda à quatre sbires du pays de m'arrêter et de me lier en cérémonie. Je fus conduit après cent quarante génuflexions [4] devant Sa Majesté. Elle me fit demander si j'étais l'espion du pape, et s'il était vrai que ce prince dût venir en personne le détrôner. Je lui répondis que le pape était un prêtre de soixante et dix ans; qu'il demeurait à quatre mille lieues [5] de Sa Sacrée Majesté tartaro-chinoise; qu'il avait environ deux mille soldats qui montaient la garde avec un parasol; qu'il ne détrônait personne, et que Sa Majesté pouvait dormir en sûreté. Ce fut l'aventure la moins funeste de ma vie. On m'envoya à Macao [6], d'où je m'embarquai pour l'Europe.

---

1. ***Prévaricateurs*** : personnes qui manquent aux devoirs de leur charge.
2. Allusion à la querelle des rites qui opposa au cours de la première moitié du XVIIe siècle les missionnaires jésuites aux pères dominicains. Les jésuites se targuaient d'avoir réussi à convertir un nombre impressionnant de Chinois. Mais les pères dominicains estimaient qu'il ne s'agissait pas de véritables conversions car les nouveaux fidèles étaient autorisés à continuer de rendre leur culte à leurs ancêtres ou à leurs divinités traditionnelles (voir Voltaire, *Essai sur les mœurs*, 1756, chap. CXCV).
3. ***Mandarin*** : haut fonctionnaire de l'Empire chinois.
4. ***Génuflexions*** : fléchissements du genou en signe d'adoration, de respect, de soumission.
5. La ***lieue*** est une ancienne mesure itinéraire valant près de quatre kilomètres.
6. ***Macao*** : port chinois situé à proximité de la ville de Canton où se nouaient les contacts entre les Chinois et les Européens.

Mon vaisseau eut besoin d'être radoubé [1] vers les côtes de Golconde [2]. Je pris ce temps pour aller voir la cour du grand Aureng-Zeb [3] dont on disait des merveilles dans le monde : il était alors dans Delhi. J'eus la consolation de l'envisager [4] le jour de la pompeuse cérémonie dans laquelle il reçut le présent céleste que lui envoyait le shérif de La Mecque. C'était le balai avec lequel on avait balayé la maison sainte, le Caaba, le Beth Alla [5]. Ce balai est le symbole qui balaye toutes les ordures de l'âme. Aureng-Zeb ne paraissait pas en avoir besoin; c'était l'homme le plus pieux de tout l'Indoustan. Il est vrai qu'il avait égorgé un de ses frères et empoisonné son père. Vingt rayas et autant d'omras [6] étaient morts dans les supplices; mais cela n'était rien, et on ne parlait que de sa dévotion. On ne lui comparait que la sacrée majesté du sérénissime empereur de Maroc, Muley-Ismaël [7], qui coupait des têtes tous les vendredis après la prière.

Je ne disais mot; les voyages m'avaient formé, et je sentais qu'il ne m'appartenait pas de décider entre ces deux augustes souve-

---

1. ***Radoubé*** : remis en état.
2. ***Golconde*** : ville d'Inde entourée d'une vaste muraille et dominée par une forteresse, elle tomba aux mains d'Aureng-Zeb à la suite d'une trahison, après avoir résisté durant huit mois. Une fois investie, elle fut réduite en ruines.
3. ***Aureng-Zeb*** : musulman sunnite intolérant et cruel, qui devint empereur en 1659, après avoir assassiné ses frères et très probablement son père. Il réprima sévèrement les révoltes qu'il avait provoquées en persécutant sans relâche les chiites et les hindouistes (voir Voltaire, *Essai sur les mœurs*, 1756, chap. CXCIV).
4. ***L'envisager*** : le voir.
5. ***Beth Alla*** : appelée aussi Caaba, maison de Dieu dans la religion islamique. C'est en ce lieu que tout musulman est chargé de se rendre lors du pèlerinage à La Mecque qu'il doit effectuer au moins une fois dans sa vie.
6. Le terme *raya* désigne un sujet non musulman; *omra* a sans doute la même signification.
7. ***Muley-Ismaël*** ou ***Moulay-Ismaël***, le plus célèbre des rois du Maroc de la dynastie alaouite (alawite), est aussi connu pour le régime de terreur particulièrement sanglant qu'il instaura. Il vécut de 1672 à 1727, soit bien après le passage supposé de Scarmentado au Maroc.

rains. Un jeune Français, avec qui je logeais, manqua, je l'avoue, de respect à l'empereur des Indes et à celui de Maroc. Il s'avisa de dire très indiscrètement qu'il y avait en Europe de très pieux souverains qui gouvernaient bien leurs États et qui fréquentaient même les églises, sans pourtant tuer leurs pères et leurs frères, et sans couper les têtes de leurs sujets. Notre interprète transmit en indou le discours impie de mon jeune homme. Instruit par le passé, je fis vite seller mes chameaux : nous partîmes, le Français et moi. J'ai su depuis que la nuit même les officiers du grand Aureng-Zeb étant venus pour nous prendre, ils ne trouvèrent que l'interprète. Il fut exécuté en place publique, et tous les courtisans avouèrent sans flatterie que sa mort était très juste.

Il me restait de voir l'Afrique, pour jouir de toutes les douceurs de notre continent. Je la vis en effet. Mon vaisseau fut pris par des corsaires nègres [1]. Notre patron fit de grandes plaintes; il leur demanda pourquoi ils violaient ainsi les lois des nations. Le capitaine nègre lui répondit : «Vous avez le nez long, et nous l'avons plat; vos cheveux sont tout droits et notre laine est frisée; vous avez la peau de couleur de cendre, et nous de couleur d'ébène; par conséquent nous devons, par les lois sacrées de la nature, être toujours ennemis. Vous nous achetez aux foires de la côte de Guinée, comme des bêtes de somme, pour nous faire travailler à je ne sais quel emploi aussi pénible que ridicule. Vous nous faites fouiller [2] à coups de nerfs de bœuf [3] dans des

---

1. Les corsaires se distinguaient des pirates parce qu'ils étaient généralement à la solde d'un État. Sévissant principalement en Méditerranée, ils étaient le plus souvent barbaresques, algériens, et vendaient leurs prisonniers comme esclaves. D'ordinaire, ces derniers étaient noirs. Ici, le choix de corsaires noirs permet à Voltaire d'inverser les rôles et de faire des Blancs les esclaves des Noirs à une époque où le commerce triangulaire croissait à une vitesse vertigineuse. Voltaire reviendra sur cette question de l'esclavage pour en dénoncer et en condamner les principes dans l'un des plus célèbres chapitres de *Candide ou l'Optimisme* (1758, chap. XIX, épisode du «Nègre de Surinam»).

2. ***Fouiller*** : creuser.

3. ***À coups de nerfs de bœuf*** : sous des coups de fouet.

montagnes pour en tirer une espèce de terre jaune qui par elle-même n'est bonne à rien, et qui ne vaut pas, à beaucoup près, un bon oignon d'Égypte; aussi quand nous vous rencontrons, et que nous sommes les plus forts, nous vous faisons esclaves, nous vous faisons labourer nos champs, ou nous vous coupons le nez et les oreilles.»

On n'avait rien à répliquer à un discours si sage. J'allai labourer le champ d'une vieille négresse, pour conserver mes oreilles et mon nez. On me racheta au bout d'un an. J'avais vu tout ce qu'il y a de beau, de bon et d'admirable sur la terre : je résolus de ne plus voir que mes pénates. Je me mariai chez moi : je fus cocu, et je vis que c'était l'état le plus doux de la vie[1].

1. Allusion à l'expression proverbiale «cocu et content», traditionnellement employée pour qualifier un cocu ignorant ou parfaitement au fait de son état. Comparé aux injustices et aux horreurs dont Scarmentado a pu être le témoin au cours de ses voyages, le cocuage est une adversité qui lui paraît bénigne.

SAINT-LAMBERT

Ziméo [1]
(1769)

1. Le titre de ce conte, qui reprend le nom du héros de l'histoire et présente des consonances africaines, rappelle celui d'*Oronoko*. Principale source de Saint-Lambert pour la rédaction de son récit, ce texte, publié en 1688, fut traduit pour la première fois en français en 1745 et réédité en 1768.

■ Saint-Lambert. Portrait anonyme.

Note sur l'établissement du texte : le texte de la présente édition reprend celui de la première publication, à la suite des *Saisons, poème*, dans un volume édité à Amsterdam en 1769 et comprenant également *L'Abenaki*, *Sara Th...*, des « pièces fugitives » et des « fables orientales ». Il a été récemment réédité par Youmna Charara dans *Fictions coloniales du XVIII*e *siècle* (L'Harmattan, 2005), accompagné d'un riche appareil critique.

Par George Filmer, né primitif[1].

Les affaires de mon commerce m'avaient conduit à la Jamaïque[2] ; la température de ce climat brûlant et humide avait altéré ma santé et je m'étais retiré dans une maison située au penchant des montagnes, vers le centre de l'île ; l'air y était plus frais et le terrain plus sec qu'aux environs de la ville ; plusieurs ruisseaux serpentaient autour de la montagne qui était revêtue de la plus belle verdure ; ces ruisseaux allaient se rendre à la mer, après avoir parcouru des prairies émaillées de fleurs et des plaines immenses couvertes d'orangers, de cannes à sucre, de cassiers[3], et d'une multitude d'habitations. La jolie maison que j'occupais appartenait à mon ami Paul Wilmouth de Philadelphie[4] ; il était, comme moi, né dans l'Église primitive :

---

1. ***Primitif*** : quaker. Un « quaker » désigne un membre d'un mouvement religieux protestant fondé en 1652 par l'Anglais George Fox, prêchant le pacifisme, la philanthropie et la simplicité des mœurs. Comme l'indique Youmna Charara (*op. cit.*, p. 65), l'emploi de « primitif » pour « quaker » est peu courant : on le trouve chez Voltaire dans son *Essai sur les mœurs* (1756, chap. CLIII).

2. Île découverte par Christophe Colomb en 1494, la Jamaïque fut faiblement colonisée par les Espagnols et tomba en 1655 aux mains des Anglais qui la conservèrent jusqu'en 1958.

3. ***Cassiers*** : arbres tropicaux dont les fruits produisent la casse, pulpe à vertu purgative.

4. ***Philadelphie*** est la capitale de la Pennsylvanie, État des États-Unis fondé en 1681 par Guillaume Penn (1644-1718). La plupart des habitants de la Pennsylvanie sont des quakers, comme le signale Youmna Charara (*op. cit.*, p. 65) qui renvoie à Voltaire, *Essai sur les mœurs*, 1756, chap. CLIII.

nous avions à peu près la même manière de penser : sa famille composée d'une femme vertueuse et de trois jeunes enfants, ajoutait encore au plaisir que j'avais de vivre avec lui.

Lorsque mes forces me permirent quelque exercice, je parcourais les campagnes, où je voyais une nature nouvelle et des beautés qu'on ignore en Angleterre et en Pennsylvanie ; j'allais visiter les habitations, j'étais charmé de leur opulence [1] ; les hôtes m'en faisaient les honneurs avec empressement ; mais je remarquais je ne sais quoi de dur et de féroce dans leur physionomie et dans leurs discours ; leur politesse n'avait rien de la bonté ; je les voyais entourés d'esclaves qu'ils traitaient avec barbarie. Je m'informais de la manière dont ces esclaves étaient nourris, du travail qui leur était imposé, et je frémissais des excès de cruauté que l'avarice peut inspirer aux hommes [2].

Je revenais chez mon ami, l'âme abattue de tristesse, mais j'y reprenais bientôt la joie ; là sur les visages noirs, sur les visages blancs, je voyais le calme et la sérénité.

Wilmouth n'exigeait de ses esclaves qu'un travail modéré [3] ; ils travaillaient pour leur compte deux jours de chaque semaine ; on abandonnait à chacun d'eux un terrain qu'il cultivait à son gré, et dont il pouvait vendre les productions. Un esclave qui pendant dix années se conduisait en homme de bien, était sûr de sa liberté [4]. Ces affranchis restaient attachés à mon ami ; leur

---

1. ***Opulence*** : richesse.

2. Saint-Lambert reprend ici une partie des éléments relatifs aux exactions commises par les Blancs à l'encontre de leurs esclaves mentionnées dans l'un des textes dont il s'inspire pour son récit, Charles Leslie, *Histoire de la Jamaïque*, 1751 (voir Youmna Charara, *op. cit.*, p. 65).

3. Saint-Lambert fait de Wilmouth non un défenseur de l'émancipation des esclaves mais un modèle d'humanité. Youmna Charara remarque que, tout au long de la première moitié du XVIIIe siècle, les quakers prennent conscience du caractère inique de l'esclavage ; ils comptent parmi les premiers abolitionnistes (*op. cit.*, p. 66).

4. Comme l'indique Youmna Charara dans son édition de *Ziméo*, « cette mesure d'affranchissement conditionnel s'inscrit dans le cadre conservateur

exemple donnait de l'espérance aux autres et leur inspirait des mœurs.

Je voyais les Nègres distribués en petites familles, où régnaient la concorde et la gaieté [1] ; ces familles étaient unies entre elles ; tous les soirs en rentrant à l'habitation, j'entendais des chants, des instruments, je voyais des danses ; il y avait rarement des maladies parmi ces esclaves, peu de paresse, point de vol, ni suicide, ni complots, et aucun de ces crimes que fait commettre le désespoir, et qui ruinent quelquefois nos colonies.

Il y avait trois mois que j'étais à la Jamaïque, lorsqu'un Nègre du Bénin, connu sous le nom de John, fit révolter les Nègres de deux riches habitations, en massacra les maîtres et se retira dans la montagne. Vous savez que cette montagne est au centre de l'île, qu'elle est presque inaccessible et qu'elle environne des vallées fécondes, où des Nègres révoltés se sont autrefois établis ; on les appelle Nègres marrons [2] : depuis longtemps ils ne nous font plus la guerre, seulement lorsqu'il déserte quelques esclaves : ces Nègres font des courses pour venger les déserteurs des mauvais traitements qu'ils ont reçus. On apprit aussitôt que John avait été choisi pour chef des Nègres marrons, et qu'il était sorti des vallées avec un corps [3] considérable ; l'alarme fut aussitôt répandue dans la colonie ; on fit avancer des troupes vers la montagne, et on distribua des soldats dans les habitations qu'on pouvait défendre [4].

---

d'une "humanisation" de l'esclavage colonial, non dans la perspective réformiste d'une abolition graduelle qui supposerait, à terme, l'extinction totale de la servitude» (*op. cit.*, p. 66).

1. Cette atmosphère évoque le cadre dans lequel sont ancrées plusieurs utopies du XVIIIe siècle.

2. ***Nègres marrons*** : nom donné aux esclaves fugitifs dans l'Amérique coloniale.

3. ***Corps*** : groupe d'hommes.

4. L'épisode de la révolte des esclaves marrons de la Jamaïque en 1734, objet d'articles dans divers journaux et rapporté dans de nombreuses relations de voyage, a vraisemblablement inspiré à Saint-Lambert la révolte qu'il décrit dans *Ziméo*.

Scènes de vie aux Antilles, XVIIIe siècle. Gravure BN.

Wilmouth entra un jour dans ma chambre un moment avant le lever du soleil. « Le ciel, dit-il, punit l'homme injuste, et voici peut-être le jour où l'innocent sera vengé ; les Nègres marrons ont surpris nos postes, ils ont taillé en pièces les troupes qui les défendaient, ils sont déjà dispersés dans la plaine ; on attend des secours de la ville ; on enchaîne partout des esclaves, et je vais armer les miens. »

Nous allâmes rassembler nos Nègres, et nous leur portâmes des épées et quelques fusils. « Mes amis, leur dit Wilmouth, voilà des armes ; si j'ai été pour vous un maître dur, donnez-moi la mort, je l'ai méritée ; si je n'ai été pour vous qu'un bon père, venez défendre, avec moi, ma femme et mes enfants. » Les Nègres jetèrent de grands cris ; ils jurèrent, en montrant le ciel et mettant ensuite la main sur la terre, qu'ils périraient tous pour nous défendre ; il y en eut qui se donnèrent de grands coups de couteau dans les chairs pour nous prouver combien il leur en coûtait peu de répandre leur sang pour nous ; d'autres allaient embrasser les enfants de Wilmouth.

Comme John était maître de la plaine, il était impossible de se retirer à la ville, il fallait nous défendre dans notre habitation : je proposai aux Nègres de retrancher[1] un magasin qui était à quatre cents pas de la maison ; ce magasin devait être une forteresse contre des ennemis sans artillerie. Les Nègres y travaillèrent sur-le-champ, et grâce à leur zèle, l'ouvrage fut bientôt achevé.

Parmi les esclaves de Wilmouth, il y avait un Nègre nommé Francisque ; je l'avais trouvé abandonné sur le rivage d'une colonie espagnole : on venait de lui couper la jambe, une jeune Négresse étanchait son sang et pleurait de l'inutilité de ses soins. Elle avait auprès d'elle un enfant de quelques jours. Je fis porter le Nègre sur mon vaisseau ; la Négresse me conjura de ne la point séparer de lui, et de la recevoir avec son enfant ; j'y consentis. J'appris qu'ils étaient esclaves d'un Espagnol, qui avait fait à la jeune Marien, c'est le nom de la belle Négresse, quelques

1. ***Retrancher*** : nous retrancher dans.

propositions mal reçues, et dont Francisque avait voulu lui faire honte. L'Espagnol se vengea ; il prétendit que ces deux esclaves étaient chrétiens, parce qu'on leur avait donné, selon l'usage des colonies, des noms chrétiens. Il avait surpris le Nègre dans quelques pratiques religieuses en usage au Bénin ; il le fit cruellement mutiler, et se vanta de lui avoir fait grâce. J'allai trouver cet homme barbare, je lui proposai de me vendre ces malheureux ; il fit d'abord quelque difficulté ; mais la somme que je lui offrais le rendit bientôt facile [1]. J'emmenai ces esclaves et je les donnai à Wilmouth, Marien était devenue l'amie de sa femme ; et Francisque par son esprit, ses connaissances dans l'agriculture et ses mœurs, avait mérité la confiance de Wilmouth et l'estime de tout le monde.

« Ils vont nous trouver à l'entrée de la nuit. Le chef des Noirs, nous dit-il, est né au Bénin, il adore le grand Orissa [2], le maître de la vie et le père des hommes, il doit avoir de la justice et de la bonté ; il vient punir les ennemis des enfants d'Orissa ; mais vous, dit-il, en regardant Wilmouth et moi, vous qui les avez consolés dans leur misère, il saura vous respecter ; envoyez vers cet homme un des adorateurs d'Orissa, un de nos frères du Bénin ; Wilmouth, qu'il aille dire aux guerriers de quels aliments tu nourris tes esclaves, qu'il leur conte ton amitié pour nous, la paix où nous vivons, nos plaisirs et nos fêtes ; tu verras ces guerriers tirer leurs fusils à la terre et jeter leurs sagaies à tes pieds. »

Nous suivîmes le conseil de Francisque ; on dépêcha [3] un jeune Nègre vers le chef des Noirs, et en attendant son retour, mon ami et moi, nous nous endormîmes d'un sommeil tranquille ; nos esclaves veillaient autour de nous.

---

1. ***Facile*** : accommodant.
2. ***Le grand Orissa*** : divinité des habitants du Bénin, évoquée dans le second tome de l'*Histoire générale des voyages* (1747) de l'abbé Prévost, source de Saint-Lambert pour les mœurs et croyances des habitants de cette partie de l'Afrique (voir Youmna Charara, *op. cit.*, p. 68).
3. ***On dépêcha*** : on envoya.

Le jour commençait à paraître, lorsque je fus éveillé par des cris et un bruit de mousqueterie [1] qui partait dans la plaine, et de moment en moment semblait s'approcher ; j'ouvris ma fenêtre. J'ai dit que la maison de Wilmouth était située au penchant de la montagne, et que la vue s'étendait sur une plaine immense coupée de ruisseaux, couverte de jolies maisons et de toutes les richesses que peut donner une terre féconde et bien cultivée. Le plus grand nombre des maisons étaient en feu ; deux ou trois cents tourbillons d'une flamme rouge et sombre, s'élevaient de la plaine jusqu'au sommet des montagnes ; la flamme était arrêtée à cette hauteur par un nuage long et noir formé des douces vapeurs du matin et de la fumée des maisons incendiées. Mes regards en passant au-dessous de ce nuage, découvraient la mer étincelante des premiers rayons du soleil ; ces rayons éclairaient des fleurs et la belle verdure de ces riches contrées, ils doraient les sommets des montagnes et le faîte [2] des maisons que l'incendie avait épargnées. Je voyais dans quelques parties, les hommes et les animaux fuyaient à travers la campagne ; des Nègres furieux poursuivaient le sabre à la main mes infortunés concitoyens ; on les massacrait aux pieds des orangers, des cassiers, des canneliers [3] en fleurs. J'entendais autour de notre habitation les ruisseaux murmurer et les oiseaux chanter ; le bruit de la mousqueterie, les cris des Blancs égorgés et des Nègres acharnés au carnage arrivaient de la plaine jusqu'à moi ; cette campagne opulente et désolée ; ces riches présents de la terre, et ces ravages de la vengeance ; ces beautés tranquilles de la nature et ces cris du désespoir ou de la fureur, me jetèrent dans des pensées mélancoliques et profondes ; un sentiment mêlé de reconnaissance pour le grand Être et de pitié pour les hommes, me fit verser des larmes.

---

1. ***Mousqueterie*** : « Décharge de plusieurs mousquets ou fusils tirée en même temps par un corps de troupes » (*Dictionnaire de l'Académie*, 1798).
2. ***Le faîte*** : le sommet, le toit.
3. ***Canneliers*** : lauriers originaires des Indes orientales et dont l'écorce fermentée, une fois l'épiderme ôté, donne la cannelle.

Je sortis de la maison avec mon ami ; nous envoyâmes les femmes et les vieillards dans le magasin retranché, et nous descendîmes auprès d'un bois de cèdres, qui nous dérobait la vue d'une partie de ces scènes d'horreurs.

Nous revîmes bientôt le jeune Nègre que nous avions envoyé chez les ennemis ; il était à la tête de quatre Nègres armés ; ses cris, ses gestes, ses sauts nous annoncèrent de loin, qu'il nous apportait de bonnes nouvelles. « Ô mon maître, dit-il à Wilmouth, le chef des Noirs est ton ami ; voilà ses plus chers serviteurs qu'il t'envoie, il viendra bientôt lui-même. »

Nous apprîmes que John égorgeait sans pitié les hommes, les femmes et les enfants, dans les habitations où les Nègres avaient reçu de mauvais traitements, que dans les autres il se contentait de donner la liberté aux esclaves ; qu'il mettait le feu à toutes les maisons dont les maîtres s'étaient éloignés.

Nous apprîmes en même temps que le Gouverneur se disposait à faire sortir un nouveau corps de troupes, que tous les colons qui avaient eu le temps de se retirer s'étaient armés avec quelques Nègres qui leur restaient fidèles, et que ces forces ne tarderaient pas à fondre sur John. Nous vîmes ces Nègres marrons chargés de butin, diriger leur retraite vers la montagne ; ils prirent leur route assez près de notre maison : une trentaine d'hommes se détacha de cette petite armée et s'avança vers nous, le terrible John était à leur tête.

John, ou plutôt Ziméo, car les Nègres marrons quittent d'abord ces noms européens qu'on donne aux esclaves qui arrivent dans les colonies, Ziméo était un jeune homme de vingt-deux ans : les statues d'Apollon et de l'Antinoüs[1] n'ont pas des traits plus

---

1. Dieu de l'harmonie, de la musique et de la beauté chez les Grecs, ***Apollon*** fut le conducteur des Muses. Jeune homme d'une beauté remarquable, ***Antinoüs*** rencontra l'empereur Hadrien (76-138) dont il devint le favori ; il mourut dans des circonstances mystérieuses, noyé dans le Nil. Apollon et Antinoüs ont inspiré de nombreux sculpteurs qui ont vu en eux des personnifications de la beauté idéale.

réguliers et de plus belles proportions. Je fus frappé surtout de son air de grandeur. Je n'ai jamais vu d'homme qui me parût, comme lui, né pour commander aux autres : il était encore animé de la chaleur du combat ; mais en nous abordant, ses yeux exprimaient la bienveillance et la bonté, des sentiments opposés se peignaient tour à tour sur son visage ; il était presque dans le même moment triste et gai, furieux et tendre. « J'ai vengé ma race et moi, dit-il ; hommes de paix, n'éloignez pas vos cœurs du malheureux Ziméo : n'ayez point d'horreur du sang qui me couvre, c'est celui du méchant ; c'est pour épouvanter le méchant que je ne donne point de bornes à ma vengeance. Qu'ils viennent de la ville, vos tigres, qu'ils viennent et ils verront ceux qui leur ressemblent pendus aux arbres et entourés de leurs femmes et de leurs enfants massacrés : hommes de paix, n'éloignez pas vos cœurs du malheureux Ziméo… Le mal qu'il veut vous faire est juste. » Il se tourna vers nos esclaves et leur dit : « Choisissez de me suivre dans la montagne, ou de rester avec vos maîtres. »

À ces mots, nos esclaves entourèrent Ziméo et lui parlèrent tous à la fois ; tous lui vantaient les bontés de Wilmouth et leur bonheur, ils voulaient conduire Ziméo à leurs cabanes, et lui faire voir combien elles étaient saines et pourvues de commodités, ils lui montraient l'argent qu'ils avaient acquis. Les affranchis venaient se vanter de leur liberté ; ils tombaient ensuite à nos pieds, et semblaient fiers de nous baiser les pieds en présence de Ziméo. Tous ces Nègres juraient qu'ils perdraient la vie plutôt que de se séparer de nous : tous avaient les larmes aux yeux et parlaient d'une voix entrecoupée : tous semblaient craindre de ne pas exprimer avec assez de force, les sentiments de leur amour et de leur reconnaissance.

Ziméo était attendri, agité, hors de lui-même, ses yeux étaient humides ; il respirait avec peine ; il regardait tour à tour le ciel, les esclaves et nous. « Ô grand Orissa, dieu des Noirs et des Blancs ! Toi qui as fait les âmes ; vois ces hommes reconnaissants, ces vrais hommes, et punis les barbares qui nous méprisent et nous traitent comme nous ne traitons pas les animaux, que tu as créés pour les Blancs et pour nous.»

Après cette exclamation, Ziméo tendit la main à Wilmouth et à moi. «J'aimerai deux Blancs, dit-il, oui, j'aimerai deux Blancs. Mon sort est entre vos mains, toutes les richesses que je viens d'enlever seront employées à payer un service que je demande.»

Nous l'assurâmes que nous étions disposés à lui rendre, sans intérêt, tous les services qui dépendraient de nous. Nous l'invitâmes à se reposer : nous lui offrîmes des rafraîchissements. J'envoyai dire à Francisque d'envoyer du magasin des présents et des vivres aux Nègres qui accompagnaient Ziméo. Ce chef accepta nos offres de fort bonne grâce; seulement il ne voulut pas entrer dans la maison; il s'étendit sur une natte à l'ombre des mangliers[1], qui formaient un cabinet de verdure auprès de notre habitation. Nos Nègres se tenaient à quelque distance de nous, et regardaient Ziméo avec des sentiments de curiosité et d'admiration.

«Mes amis, nous dit-il, le grand Orissa sait que Ziméo n'est point né cruel; mais les Blancs m'ont séparé des idoles[2] de mon cœur, du sage Matomba qui élevait ma jeunesse, et de la jeune beauté que j'associais à ma vie. Mes amis, les outrages et les malheurs ne m'ont point abattu, j'ai toujours senti mon cœur. Vos hommes blancs, n'ont qu'une demi-âme; ils ne savent ni aimer, ni haïr; ils n'ont de passion que pour l'or; nous les avons toutes et toutes sont extrêmes. Des âmes de la nature des nôtres, ne peuvent s'éteindre dans les disgrâces; mais la haine y devient de la rage. Le Nègre, né pour aimer, quand il est forcé de haïr, devient un tigre, un léopard, et je le suis devenu. Je me vois le chef d'un peuple, je

1. ***Mangliers*** : arbres tropicaux, proches des palétuviers, abondants dans les mangroves et dont les fruits sont les mangles.

2. ***Idoles*** : habituellement, le mot désigne les objets de culte que les missionnaires chrétiens tenaient pour des symboles du paganisme; ici, le terme est employé pour Matomba et Ellaroé. Il souligne la passion que Ziméo voue à ces deux êtres.

suis riche et je passe mes jours dans la douleur : je regrette ceux que j'ai perdus; je les vois des yeux de la pensée; je les entretiens et les pleure. Mais après avoir versé des larmes, souvent je me sens un besoin de répandre du sang, d'entendre les cris des Blancs égorgés. Eh bien! Je viens de le satisfaire, cet affreux besoin et ce sang, ces cris aigrissent encore mon désespoir... Hommes de paix, n'éloignez pas vos cœurs du malheureux Ziméo. Vous pouvez lui trouver un vaisseau; vous pouvez le conduire; ils ne sont pas loin de cette île ceux qui sont nécessaires à mon cœur.»

Dans ce moment deux des plus jeunes esclaves de Wilmouth se prosternèrent devant Ziméo. «Ah! s'écria-t-il, vous êtes du Bénin, et vous m'avez connu. – Oui, dit le plus jeune des deux esclaves, nous sommes nés les sujets du puissant Damel [1] ton père; celui-ci t'a vu à sa cour, et moi j'ai vu ta jeunesse au village d'Onébo [2]. Des perfides nous ont enlevés à nos parents, mais Wilmouth est notre père.» Le Nègre avait à peine prononcé ces mots, qu'il sortit avec précipitation; Ziméo fit un geste pour l'arrêter, et se pencha sur l'autre Nègre qui restait auprès de lui et qu'il regardait avec attendrissement; il semblait porter des yeux plus satisfaits sur les campagnes de la Jamaïque et en respirer l'air avec plaisir depuis qu'il lui était commun avec plusieurs Nègres du Bénin. Il nous dit après un moment de silence : «Écoutez, hommes de paix, le malheureux Ziméo, il n'espère qu'en vous, et il mérite votre pitié; écoutez ses cruelles aventures.

«Le grand Damel, dont je suis l'héritier, m'avait envoyé, selon l'ancien usage du Bénin, chez les laboureurs d'Onébo [3] qui devaient finir mon éducation; elle fut confiée à Matomba, le plus sage d'entre eux, le plus sage des hommes : il avait été longtemps un

---

1. ***Damel*** : nom qu'on donne aux souverains d'une partie de l'Afrique (note de l'auteur).
2. ***Onébo*** : toponyme fictif.
3. Cette coutume est destinée à pallier tout risque de corruption du jeune prince par la cour.

de nos plus illustres Kabashirs[1]; dans le conseil de mon père, il avait souvent empêché le mal et fait faire le bien; il s'était retiré, jeune encore, dans ce village, où s'élèvent depuis des siècles les héritiers de l'Empire. Là Matomba jouissait de la terre, du ciel et de la conscience. Les querelles, la paresse, le mensonge, les devins, les prêtres, la dureté de cœur n'entrent point dans le village d'Onébo. Les jeunes princes ne peuvent y voir que de bons exemples. Le sage Matomba m'y faisait perdre les sentiments d'orgueil et d'indolence[2] que m'avaient inspirés mes nourrices et la cour; je travaillais à la terre comme les serviteurs de mon maître, et comme lui-même. On m'instruisait des détails de l'agriculture, qui fait toutes nos richesses. On me montrait la nécessité d'être juste, imposée à tous les hommes, pour qu'ils pussent élever leurs enfants et cultiver leurs champs en paix. On me montrait que les princes entre eux étaient dans la situation des laboureurs d'Onébo, qu'il fallait qu'ils fussent justes les uns envers les autres, afin que leurs peuples et eux-mêmes pussent vivre contents. Mon maître avait une fille, la jeune Ellaroé, je l'aimai et j'appris bientôt que j'étais aimé; nous conservions, l'un et l'autre, la plus grande innocence; mais je ne voyais qu'elle dans la nature, elle ne voyait que moi, et nous étions heureux. Ses parents faisaient un usage utile de la passion que nous avions l'un pour l'autre; je faisais tout ce que me demandait Matomba, dans l'espérance de me rendre plus digne d'Ellaroé; l'espérance de s'attacher mon cœur lui rendait tout facile. Mes succès étaient en elle, ses succès étaient en moi. Il y avait cinq ans que je vivais dans ces délices, et j'espérais obtenir de mon père la permission d'épouser Ellaroé. Tu sais que la première de nos femmes est notre véritable épouse, les autres ne sont que ses domestiques et les objets de notre amusement[3] : j'aimais à penser qu'Ellaroé serait ma compagne sur le

1. ***Kabashirs*** : espèces de nobles (note de l'auteur).
2. ***Indolence*** : nonchalance.
3. Allusion à la polygamie des peuples africains décrite par tous les voyageurs qui se sont rendus en Afrique (voir Youmna Charara, *op. cit.*, p. 70).

trône et dans tous les âges ; j'aimais à étendre la passion sur tout l'espace de ma vie.

« J'attendais la réponse du Damel, lorsqu'on vit arriver dans Onébo deux marchands portugais ; ils nous vendaient des instruments de labourage, des ustensiles domestiques, et quelques-unes de ces bagatelles qui servent à la parure des femmes et des jeunes gens ; nous leur donnions en échange de l'ivoire et de la poudre d'or [1] ; ils voulaient acheter des esclaves, mais on ne vend au Bénin que les criminels, et il ne s'en trouve pas dans le canton d'Onébo. Je m'instruisais avec eux des arts et des mœurs de l'Europe ; je trouvais dans vos arts bien des superfluités, et dans vos mœurs bien des contradictions. Vous savez quelle passion les Noirs ont pour la musique et la danse. Les Portugais avaient plusieurs instruments qui nous étaient inconnus, et tous les soirs ils nous jouaient des airs que nous trouvions délicieux ; la jeunesse du village se rassemblait et dansait autour d'eux ; j'y dansais avec Ellaroé. Souvent les Portugais nous apportaient de leurs vaisseaux des vins, des liqueurs, des fruits, dont la saveur flattait notre goût ; ils recherchaient notre amitié et nous les aimions sincèrement. Ils nous annoncèrent un jour qu'ils étaient obligés de retourner bientôt dans leur pays ; cette nouvelle affligea tout le village, mais personne autant qu'Ellaroé. Ils nous apprirent, en pleurant, le jour de leur départ ; ils nous dirent qu'ils s'éloigneraient de nous avec moins de douleur, s'ils avaient pu nous donner une fête sur leurs vaisseaux ; ils nous pressèrent de nous y rendre le lendemain avec les jeunes gens les mieux faits et les plus belles filles du village. Nous nous y rendîmes conduits par Matomba et par quelques vieillards, chargés de maintenir la décence.

« Onébo n'est qu'à cinq milles de la mer ; nous étions sur le rivage une heure avant le lever du soleil ; nous vîmes deux

1. La référence à l'ivoire s'explique par l'importance du commerce des défenses d'éléphant au Bénin. Celle à l'or, dont ce pays est dépourvu, est en revanche un élément destiné à perpétuer les représentations qui faisaient de l'Afrique un monde fabuleux gorgé de richesses (voir Youmna Charara, *op. cit.*, p. 70).

vaisseaux l'un auprès de l'autre ; ils étaient couverts de branches d'arbres, les voiles et les cordages étaient chargés de fleurs. Dès qu'ils nous aperçurent, ils firent entendre des chants et des instruments ; ce concert, cette pompe, nous annonçaient une fête agréable. Les Portugais vinrent au-devant de nous : ils partagèrent notre troupe et nous montâmes à nombre égal sur les deux vaisseaux.

« Il en partit deux coups de canon : le concert cessa ; nous fûmes chargés de fers et les vaisseaux mirent à la voile. »

Ziméo s'arrêta dans cet endroit de son récit, et reprenant la parole : « Oui, mes amis, ces hommes à qui nous avions prodigué nos richesses et notre confiance, nous enlevaient pour nous vendre avec les criminels qu'ils avaient achetés au Bénin [1]. Je sentis à la fois le malheur, celui de Matomba et le mien : j'accablai les Portugais [2] de reproches et de menaces ; je mordais ma chaîne ; je voulais mourir, mais un regard d'Ellaroé m'en ôtait le dessein : les monstres du moins ne nous avaient pas séparés, mais Matomba était sur l'autre vaisseau.

« Trois de nos jeunes gens et une jeune fille se donnèrent la mort [3] ; j'exhortais Ellaroé à les imiter ; mais le plaisir d'aimer et d'être aimée l'attachait à la vie. Les Portugais lui firent entendre qu'ils nous destinaient un sort aussi heureux que celui dont nous avions joui. Elle espéra du moins que nous resterions unis, et qu'elle retrouverait son père. Après avoir pleuré pendant quelques jours la

---

1. Saint-Lambert évoque ici un épisode rapporté par de nombreux voyageurs et repris par des romanciers et nouvellistes : le rapt d'indigènes, qui n'étaient ni criminels ni prisonniers, sur les côtes africaines alors que des marchands les avaient invités à venir prendre un repas ou à choisir des présents à bord de leur navire (voir Youmna Charara, *op. cit.*, p. 71).

2. Les Portugais commirent de nombreux rapts d'indigènes.

3. L'auteur revient sur le suicide des esclaves, phénomène important lors des traversées. Comme le confirment voyageurs et historiens, les esclaves qui ne pouvaient se jeter à la mer pour se noyer, refusaient parfois de s'alimenter pour se donner la mort (voir Youmna Charara, *op. cit.*, p. 72).

perte de notre liberté, le plaisir d'être presque toujours ensemble, fit cesser les larmes d'Ellaroé et adoucit mon désespoir.

«Dans le peu de moments que nous n'étions pas gênés par la présence de nos bourreaux, Ellaroé me pressait dans ses bras, et me disait : "Ô mon ami, appuyons-nous fortement l'un à l'autre, et nous résisterons à tout ; contente de toi, de quoi ai-je à me plaindre ? Eh ! Quel genre de bonheur voudrais-tu acheter aux dépens de celui dont nous jouissons ?" Ces paroles me rendaient une force extraordinaire ; je n'avais plus qu'une crainte, celle d'être séparé d'Ellaroé.

«Il y avait plus d'un mois que nous étions en mer, les vents étaient faibles et notre course était lente ; enfin, les vents nous manquèrent absolument. Depuis quelques jours, les Portugais ne nous donnaient de vivres que ce qu'il en fallait pour nous empêcher de mourir.

«Deux Nègres déterminés à la mort [1] s'étaient refusé toute espèce de nourriture, et ils nous faisaient passer, en secret, le pain et les dattes qu'on leur donnait : je les cachais avec soin dans l'intention de les employer à conserver les jours d'Ellaroé.

«Le calme continuait : les mers sans vagues, sans ondes, sans flots, présentaient une surface immense et immobile où notre vaisseau semblait attaché. L'air était aussi tranquille que les eaux. Le soleil et les étoiles, dans leur marche paisible et rapide, n'interrompaient pas ce profond repos qui régnait dans le ciel et sur les mers. Nous portions sans cesse les yeux sur cet espace uniforme et sans rives, terminé par la voûte du ciel, qui semblait nous enfermer dans un vaste tombeau. Quelquefois nous prenions les ondulations de la lumière pour un mouvement des eaux ; mais cette erreur était de courte durée. Quelquefois en nous promenant sur le tillac [2], nous reprenions pour du vent l'agitation que nous imprimions à

1. ***Déterminés à la mort*** : résolus à mourir.
2. ***Tillac*** : pont supérieur d'un navire.

■ La côte occidentale de l'Afrique fut le théâtre de la traite des Noirs du XVᵉ au XIXᵉ siècle. Cette gravure du XVIIIᵉ siècle adopte le point de vue des Africains qui pleurent le départ des leurs.

l'air ; mais à peine avions-nous suspendu nos pas, que nous nous retrouvions environnés du calme universel.

« Bientôt nos tyrans réservèrent pour eux le peu qui restait de vivres, et ordonnèrent qu'une partie des Noirs serait la pâture de l'autre.

« Je ne puis vous dire si cette loi si digne des hommes de votre race, me fit plus d'horreur que la manière dont elle fut reçue. Je lisais sur tous les visages une joie avide [1], une terreur sombre, une espérance barbare ; je les voyais, ces malheureux compagnons d'un même esclavage, s'observer avec une attention vorace et des yeux de tigres.

« Les premières victimes furent choisies dans le nombre de ceux que la faim avait le plus accablés : c'était deux jeunes filles du village d'Onébo. J'entends encore les cris de ces infortunées ; je vois encore les larmes couler sur les visages de leurs compagnes affamées qui les dévoraient.

« Les faibles provisions que j'avais dérobées aux regards de nos tyrans, avaient soutenu les forces d'Ellaroé et les miennes, nous étions sûrs de n'être point choisis pour être immolés ; j'avais encore des dattes, et nous jetions à la mer sans qu'on s'en aperçût, les portions horribles qu'on nous présentait.

« Le lendemain de ce jour affreux où nos compagnons commencèrent à se dévorer, au moment où le disque du soleil était encore à moitié dans le ciel et dans la mer, nous eûmes un peu d'espérance ; il s'éleva une brume légère qui devait former des nuages et nous donner du vent, mais la brume se dissipa et le ciel conserva sa tranquille et funeste sérénité.

« L'espérance avait d'abord ranimé les Noirs et les Blancs ; on avait vu pendant un moment le vaisseau dans le tumulte d'une joie désordonnée. Mais lorsque la brume fut retombée, il régna parmi nous un morne désespoir ; le découragement avait saisi nos tyrans mêmes, ils n'avaient plus assez de force pour avoir

1. ***Avide*** : envieuse.

des soins, ils nous observaient moins, ils nous gênaient peu, et le soir, au moment de la retraite, on me laissa sur le tillac avec Ellaroé. Nous y restions seuls, et dès qu'elle s'en aperçut, elle me pressa dans ses bras, je la pressai dans les miens ; ses yeux n'avaient jamais eu une expression si vive et si tendre. Je n'avais point encore éprouvé auprès d'elle l'ardeur, le trouble, les palpitations que j'éprouvais en ce moment ; nous restâmes longtemps sans nous parler et serrés dans les bras l'un de l'autre. "Oh ! toi que j'avais choisie pour être ma compagne sur le trône, tu seras du moins ma compagne jusqu'à la mort. – Ah ! Ziméo, me répondit-elle, peut-être que le grand Orissa nous conservera la vie, et je serai ton épouse. – Ellaroé, lui dis-je, si ces monstres ne nous avaient pas enlevés, le Damel t'aurait choisie pour mon épouse, comme ton père m'avait choisi pour ton époux. – Il est vrai, dit-elle. – Ô ma chère Ellaroé, dépendons-nous encore des lois du Damel et attendrons-nous ses ordres que nous ne pouvons recevoir ? – Non, non, loin de nos parents, arrachés à notre patrie, nous ne devons obéir qu'à nos cœurs. – Ô Ziméo ! s'écria-t-elle en couvrant mon visage de ses larmes. – Ellaroé, lui dis-je, tu pleures dans ce moment, tu n'aimes pas assez. – Ah ! me dit-elle, vois à la clarté de la lune cette mer qui ne change plus, jette les yeux sur les voiles du vaisseau ; vois comme elles sont sans mouvement ; vois sur le tillac les traces du sang de mes deux amies ; vois le peu qui nous reste de ces dattes ? Eh bien, Ziméo, sois mon époux et je suis contente."

« En me disant ces mots, elle redoubla ses baisers. Nous jurâmes, en présence du grand Orissa, d'être unis quelle que fût notre destinée, et nous nous abandonnâmes à mille plaisirs, dont nous n'avions pas encore l'expérience. Ils nous firent oublier l'esclavage, la mort présente, la perte d'un empire, l'espoir de la vengeance, tout ; nous ne sentîmes plus que les délices de l'amour. Après nous en être enivrés, nous nous retrouvâmes sans illusions sur notre état ; nous revîmes la vérité, à mesure que nos sens redevenaient tranquilles ; notre âme était accablée ; abattus à côté l'un de l'autre, le calme dans lequel nous étions tombés était triste et profond comme celui de la nature.

« Je fus tiré de cet accablement par un cri d'Ellaroé ; je la regardai, ses yeux étincelaient de joie ; elle me montra les voiles et les cordages qui étaient agités ; nous sentîmes le mouvement des mers ; il s'élevait un vent frais qui porta les deux vaisseaux en trois jours à Porto-Bello [1].

« Je revis Matomba, il me baigna de ses larmes ; il revit sa fille, il approuva notre mariage ; le croiriez-vous, mes amis ? le plaisir de me réunir à Matomba, le plaisir d'être l'époux d'Ellaroé, les charmes de son amour, la joie de la voir échappée à de si cruels dangers, suspendaient en moi les sentiments de tous les maux ; j'étais prêt à aimer mon esclavage : Ellaroé était heureuse et son père semblait se consoler. Oui, j'aurais pardonné peut-être aux monstres qui nous avaient trahis ; mais Ellaroé et son père furent vendus à un habitant de Porto-Bello, et je le fus à un homme de votre nation qui portait des esclaves dans les Antilles.

«Voilà le moment qui m'a changé, qui m'a donné cette passion pour la vengeance, cette soif de sang qui me fait frémir moi-même, lorsque je reviens à m'occuper d'Ellaroé dont la seule image adoucit encore mes pensées.

« Dès que notre sort fut décidé, mon épouse et son père se jetèrent aux pieds des monstres qui nous séparaient, je m'y précipitai moi-même ; honte inutile ! On ne daigna pas nous entendre. Au moment où on voulut m'entraîner, mon épouse, les yeux égarés, les bras étendus et jetant des cris affreux, je les entends encore, mon épouse s'élança vers moi : je me dérobai à mes bourreaux, je reçus Ellaroé dans mes bras qui l'entourèrent ; elle m'entoura des siens, et sans raisonner, par un mouvement machinal, chacun de nous enlaçant ses doigts et serrant ses mains, formait une chaîne autour de l'autre, plusieurs mains cruelles firent de vains efforts

1. ***Porto-Bello*** : aujourd'hui Portobelo, ville portuaire de l'État du Panama donnant sur la mer des Caraïbes.

pour nous détacher. Je sentis que ces efforts ne seraient pas longtemps inutiles : j'étais déterminé à m'ôter la vie, mais comment laisser dans cet horrible monde, ma chère Ellaroé ? j'allais la perdre, je craignais tout, je n'espérais rien, toutes mes pensées étaient barbares : les larmes inondaient mon visage ; il ne sortait de ma bouche que des hurlements sourds, semblables au rugissement d'un lion fatigué du combat ; mes mains se détachant du corps d'Ellaroé se portèrent à son col... Ô grand Orissa !... les Blancs enlevèrent mon épouse à mes mains furieuses ; elle jeta un cri de douleur au moment où l'on nous désunit ; je la vis porter ses mains à son col [1] pour achever mon dessein funeste ; on l'arrêta : elle me regarda : ses yeux, tout son visage, son attitude, les sons inarticulés qui sortaient de sa bouche, exprimaient les regrets et l'amour.

« On m'emporta dans le vaisseau de votre nation ; j'y fus garrotté [2] et placé de manière que je ne pus attenter à ma vie ; mais on ne pouvait me forcer à prendre de la nourriture. Mes nouveaux tyrans employèrent d'abord les menaces ; bientôt ils me firent souffrir des tourments que des Blancs seuls peuvent inventer ; je résistais à tout.

« Un Nègre né au Bénin, esclave depuis deux ans de mes nouveaux maîtres, eut pitié de moi ; il me dit que nous allions à la Jamaïque, et que dans cette île on pouvait aisément recouvrer la liberté ; il me parla des Nègres marrons et de la république qu'ils avaient formée au centre de l'île ; il me dit que ces Nègres montaient quelquefois des vaisseaux anglais, pour faire des courses dans les îles espagnoles ; il me fit entendre qu'on pouvait délivrer Ellaroé et son père. Il réveilla dans mon cœur les idées de vengeance, et les espérances de l'amour ; je consentis de vivre, vous voyez pourquoi. Je me suis déjà vengé, mais il me faut retrouver

---

1. ***Col*** : cou.

2. ***Garrotté*** : attaché ; de garrot, « bâton court dont on se sert pour serrer des nœuds de corde » (*Dictionnaire de l'Académie*, 1762).

les idoles de mon cœur : il le faut, ou je renonce à vivre. Mes amis, prenez toutes mes richesses, équipez un vaisseau… »

Ziméo fut interrompu par l'arrivée de Francisque, qui s'avançait soutenu par ce jeune Nègre qui le premier avait reconnu son prince. Dès que Ziméo les aperçut, il s'écria : « Ô mon père ! Ô Matomba ! » Il s'élança vers lui, en prononçant à peine le nom d'Ellaroé. « Elle vit et te pleure, dit Matomba, elle est ici. Voilà, dit-il, en me montrant, celui qui nous a sauvés. » Ziméo embrassait tour à tour Matomba, Wilmouth et moi, en répétant avec vitesse et une sorte d'égarement : « conduis-moi… conduis-moi… » Nous allions prendre le chemin de la petite forteresse où nos femmes étaient renfermées, mais nous vîmes Marien ou plutôt Ellaroé, descendre et voler vers nous. Le même Nègre qui avait rencontré Matomba, était allé la chercher. Elle arrivait tremblante, le visage baigné de larmes, élevant les mains et les yeux vers le ciel, et répétant d'une voix étouffée : « Ziméo, Ziméo ! » Elle avait remis son enfant entre les mains du Nègre du Bénin ; après avoir embrassé son époux, elle lui présenta le jeune enfant. « Ziméo, voila ton fils ; c'est pour lui que Matomba et moi, nous avons supporté la vie. » Ziméo prit l'enfant, le baisait avec transport et s'écriait : « Il ne sera pas l'esclave des Blancs, le fils qu'Ellaroé m'a donné. – Sans lui, sans lui, disait Ellaroé, je serais sortie de ce monde, où je ne rencontrais plus celui que cherchait mon cœur. » Les discours les plus tendres étaient suivis des plus douces caresses ; ils les présentaient l'un à l'autre. Bientôt ils ne furent plus occupés que de nous et de leur reconnaissance. Je n'ai jamais vu d'homme, même de Nègre, exprimer si vivement et si bien ce sentiment aimable.

On vint donner avis à Ziméo que les troupes anglaises étaient en marche ; il fit la retraite en bon ordre. Ellaroé et Matomba fondaient en larmes en nous quittant ; ils voulaient porter toute leur vie le nom de nos esclaves ; ils nous conjuraient de les suivre dans la montagne : nous leur promîmes de les aller voir, aussitôt que la paix serait conclue entre les Nègres marrons et notre colonie[1]. Je leur ai déjà tenu parole, je me propose d'aller jouir encore des vertus, du grand sens et de l'amitié de Ziméo, de Matomba et d'Ellaroé.

J'ajouterai à ce récit quelques réflexions sur les Nègres.

Mon séjour dans les Antilles et mes voyages en Afrique, m'ont confirmé dans une opinion que j'avais depuis longtemps. C'est que les peuples d'Europe sont comme beaucoup d'hommes en place qui commencent par être injustes, et finissent par calomnier les victimes de leur injustice. Les négociants qui font la traite des Nègres, les colons qui les tiennent dans l'esclavage[2], ont de trop grands torts avec eux pour nous en parler vrai.

La première de nos injustices est de donner aux Africains un caractère général. Ils ont la même couleur ; ils ont beaucoup de sensibilité : voilà tout ce qu'ils ont de commun. Les nez écrasés même et les grosses lèvres, ne sont pas plus les attributs des Noirs que des Blancs. Il y a chez ceux-ci des Lapons, des Tartares, des Esquimaux, des Mogols, des Chinois, qui ont ces deux difformités. Il y a chez les Africains des nations entières où la taille et le visage ont les plus belles proportions. Il n'est pas plus vrai que les Nègres en général soient paresseux, fripons, menteurs, dissimulés ; ces qualités sont de l'esclavage et non de la nature.

Le vaste continent de l'Afrique est couvert d'une multitude de peuples. Les gouvernements, les productions, les religions qui varient dans ces contrées immenses, ont nécessairement varié les caractères. Ici, vous rencontrerez des républicains qui ont la franchise, le courage, l'esprit de justice que donne la liberté. Là, vous verrez des Nègres indépendants, qui vivent sans chefs et sans lois,

1. Comme le signale Youmna Charara (*op. cit.*, p. 74), un traité de paix fut signé entre les Nègres marrons et les colons britanniques à l'instigation du gouverneur de la Jamaïque Edward Trelaunay en 1738.

2. Saint-Lambert insiste ici sur l'impossibilité pour les marchands et les colons d'être impartiaux, en raison de la nature des relations qui les lient aux autochtones.

■ Révolte d'esclaves noirs à Haïti, en 1791, dirigée par Toussaint-Louverture (1743-1803).

aussi féroces et aussi sauvages que les Iroquois [1]. Entrez dans l'intérieur des terres, ou même bornez-vous à parcourir les côtes, vous trouverez de grands Empires, le despotisme des princes et celui des prêtres, le gouvernement féodal, des monarchies réglées, etc. Vous verrez partout des lois, des opinions, des points d'honneur différents [2] et par conséquent, vous trouverez des Nègres humains, des Nègres barbares ; des peuples guerriers, des peuples pusillanimes [3] ; de belles mœurs, des mœurs détestables ; l'homme de la nature, l'homme perverti, et nulle part l'homme perfectionné.

Nous traitons les Nègres d'imbéciles ; il y en a de tels et ce sont des peuples isolés, que leur situation ou leur religion séparent trop du reste des hommes ; mais les peuples du Bénin, de Congo, de Monomotapa [4], etc. ont de l'esprit, de la raison et même des arts.

Tout cela est fort imparfait sans doute : leurs guiriots [5] ne valent pas Horace ou Rousseau ; leurs musiciens ne sont pas des Pergolèses, leurs peintres des Raphaëls, leurs orfèvres des Germains [6].

---

1. ***Iroquois*** : Indiens d'Amérique du Nord, rivaux des Hurons et alliés des Anglais contre les Français ; ils avaient la réputation d'être anthropophages. En 1770, Saint-Lambert publia un conte dont les protagonistes étaient des Iroquois et qui connut une grande fortune : *Les Deux Amis, conte iroquois*.
2. ***Des points d'honneur différents*** : des lois différentes.
3. ***Pusillanimes*** : peureux.
4. Le Congo recouvre à l'époque un vaste territoire qui correspond à l'Afrique centrale tandis que le Monomotapa correspond à l'actuel Zimbabwe au nord de l'Afrique australe.
5. ***Guiriots*** **:** il s'agit des griots, ces poètes et musiciens dépositaires d'une longue tradition orale, qui forment une caste. Comme l'indique Youmna Charara (*op. cit.*, p. 76), ce terme, absent des dictionnaires de l'époque, figure dans la légende d'une illustration montrant un « Guiriot ou nègre jouant du balafon » dans *Histoire générale des voyages* (t. II) de l'abbé Prévost.
6. ***Horace*** (65-8 av. J.-C.) fut l'un des plus grands poètes latins. On lui doit les *Satires*, les *Épîtres*, les *Odes* et un *Art poétique*. ***Jean-Baptiste Rousseau*** (1671-1741), poète français, est l'auteur de *Cantates* (1703) et d'*Odes sacrées*. ***Jean-Baptiste Pergolèse*** (1710-1736) composa le premier opéra-comique :

Mais songez-vous que ces peuples n'ont encore que très imparfaitement l'écriture ? Songez-vous qu'ils n'ont pas les modèles des Anciens ? Ils sont moins avancés que nous ; j'en conviens : mais cela ne prouve pas qu'ils aient moins d'esprit.

Ils n'ont ni la boussole ni l'imprimerie ; voilà les deux arts qui nous ont donné l'avantage sur presque tous les peuples du globe ; et nous les devons au hasard. La boussole, en facilitant les voyages, nous fait partager les lumières[1] de tous les lieux ; et l'imprimerie nous a rendu propre l'esprit de tous les âges. C'est elle qui nous a fait retrouver les traces perdues des Grecs et des Romains, sans que nous ayons encore égalé ni les uns ni les autres.

Oui, ce sont les circonstances et non pas la nature de l'espèce qui ont décidé de la supériorité des Blancs sur les Nègres. Il y a quelque apparence que l'intérieur de l'Afrique n'est pas une terre aussi ancienne que l'Asie ; de plus, il est séparé de l'Asie et même de l'Égypte, par des déserts immenses, les peuples anciennement policés, n'ont eu que leurs seules lumières et trop peu de temps pour se confectionner ; tandis que les Égyptiens ont formé les Grecs et peut-être les Étrusques [2] ; que ceux-ci et les Grecs ont formé les Romains, et que tous ensemble ont éclairé le reste de l'Europe.

Observez encore que les Nègres habitent un pays où la nature est prodigue, et qu'il leur faut peu d'industrie pour satisfaire à leurs besoins ; d'ailleurs, il ne faut ni esprit, ni invention pour se

La Servante maîtresse. ***Raphaël*** (1483-1520) fut l'un des plus grands peintres et architectes de la Renaissance. Il dirigea la construction de la basilique Saint-Pierre de Rome. La famille ***Germain*** donna plusieurs grands orfèvres dont les plus illustres furent sans doute Pierre Germain (1646-1684), Thomas Germain (1673-1748) et François-Thomas Germain (1726-1791).

1. *Lumières* : connaissances.

2. *Étrusques* : peuple venu d'Asie Mineure par la mer, les Étrusques s'établirent en Toscane à la fin du VIIIe siècle av. J.-C. où ils développèrent une civilisation urbaine qui imposa sa domination à l'Italie septentrionale et centrale aux VIIe et VIe siècles av. J.-C. avant de connaître un rapide déclin et d'être définitivement soumis par les Romains au IIIe siècle av. J.-C.

garantir des inconvénients de la chaleur, et il en faut beaucoup pour se garantir des inconvénients du froid. Par conséquent, on exerce moins son esprit sous l'Équateur qu'en deçà du Tropique ; et la raison doit faire des progrès moins rapides chez les peuples du Midi, qu'elle n'en fait chez les peuples du Nord [1].

Malgré les avantages des circonstances, qu'étions-nous il y a quatre cents ans ? L'Europe, si vous en exceptez Venise et Florence, ne valait peut-être pas le Congo et le Bénin. J'ai voyagé et je sais l'histoire. Oui, les grands peuples chez les Nègres sont à peu près ce que nous avons été depuis le IXe jusqu'au XIVe siècle. Les mêmes opinions absurdes, les épreuves, les sortilèges, les droits féodaux, des lois atroces, des arts grossiers étaient alors chez nos ancêtres, et sont aujourd'hui chez les Africains.

Portons-leur nos découvertes et nos lumières ; dans quelques siècles ils y ajouteront peut-être, et le genre humain y aura gagné. N'y aura-t-il jamais de prince qui fonde des colonies avec des vues aussi grandes ? N'enverrons-nous jamais des apôtres de la raison et des arts ? Serons-nous toujours conduits par un esprit mercantile [2] et barbare, par une avarice insensée qui désole les deux tiers du globe, pour donner au reste quelques superfluités [3] ?

Ô peuples d'Europe ! Les principes du droit naturel seront-ils toujours sans force parmi vous ? Vos Grecs, vos Romains ne les ont pas connus. Avant le *Gouvernement civil* de Locke, le livre de

---

1. Comme l'indique Youmna Charara (*op. cit.*, p. 77), Saint-Lambert emprunte l'idée selon laquelle l'aptitude à raisonner est moins développée chez les peuples du Sud – et notamment chez les populations africaines – que chez les peuples du Nord – et plus particulièrement chez les Européens – à la théorie des climats que Montesquieu (1689-1755) développe dans *De l'esprit des lois* (1748).

2. ***Mercantile*** : soucieux du gain, cupide.

3. Ce passage qui interroge le lecteur sur la possibilité d'une colonisation humaniste ou à visage humain fait écho au cri lancé par l'esclave du Surinam à Candide : « C'est à ce prix que vous mangez du sucre en Europe » (Voltaire, *Candide ou l'Optimisme*, 1758, chap. XIX).

Burlamaqui et l'*Esprit des lois* [1], vous les ignoriez encore ; que dis-je, dans ces livres mêmes sont-ils assez nettement posés sur la base de l'intérêt commun à toutes les nations et à tous les hommes ? Les Hobbes, les Machiavels et autres, n'ont-ils pas encore des partisans [2] ? Dans quel pays de l'Europe des lois constitutives, criminelles, ecclésiastiques et civiles, sont-elles conformes à l'intérêt général et particulier ?

Peuples polis, peuples savants, prenez-y garde, vous n'aurez une morale, de bons gouvernements et des mœurs, que lorsque les principes du droit naturel seront connus de tous les hommes ; et que vous et vos législateurs, vous en ferez une application constante à votre conduite et à vos lois. C'est alors que vous serez meilleurs, plus puissants, plus tranquilles : c'est alors que vous ne serez pas les tyrans et les bourreaux du reste de la terre : vous saurez qu'il n'est pas permis aux Africains de vous vendre des prisonniers de guerre ; vous saurez que les seigneurs des grands fiefs de Guinée ne peuvent vous vendre leurs vassaux, vous saurez que votre argent ne peut vous donner le droit de tenir un seul homme dans l'esclavage.

---

1. Dans son *Traité sur le gouvernement civil* (1690), ***John Locke*** (1632-1704) énonce un certain nombre de principes sur le gouvernement politique et condamne l'esclavage après l'avoir fait figurer dans la Constitution qu'il avait rédigée pour la Caroline du Nord en 1670. ***Burlamaqui*** (1694-1748), s'inscrivit dans sa lignée en composant les *Principes du droit naturel* (1747) et les *Principes du droit politique* (1751). C'est très probablement à ce dernier ouvrage que se réfère ici Saint-Lambert. Dans son *Esprit des lois* (1748), ***Montesquieu*** se livra à un examen et à une comparaison des différents systèmes de gouvernement existants (voir Youmna Charara, *op. cit.*, p. 78).
2. Comme le remarque Youmna Charara (*op. cit.*, p. 78), ***Thomas Hobbes*** (1588-1679), auteur du *Léviathan* (1651) et du *Citoyen et les fondements de la politique* (1642), et ***Nicolas Machiavel*** (1469-1527), auteur du *Prince* (1513), traité de philosophie politique, sont, selon Saint-Lambert, des apologistes de la tyrannie qu'on ne saurait suivre.

DIDEROT

Madame de La Carlière, conte[1] (1773)

1. On dispose de plusieurs copies de ce texte qui diffèrent peu entre elles. L'une des différences se trouve dans la présence d'un sous-titre, « Sur l'inconséquence de nos jugements publics », dans la version procurée par Jacques-André Naigeon (1738-1810) dans son édition des *Œuvres complètes* de Diderot publiée en 1798. Ce sous-titre est à mettre en relation avec celui du *Supplément au Voyage de Bougainville* : « Dialogue entre A et B sur l'inconvénient d'attacher des idées morales à certaines actions physiques qui n'en comportent pas », les morales des deux contes étant intimement liées.

■ Denis Diderot, par Jean-Honoré Fragonard (1732-1806). Paris, musée du Louvre.

Note sur l'établissement du texte : le texte de *Madame de La Carlière* a été publié un mois après la parution de *Ceci n'est pas un conte*, en deux parties, dans la *Correspondance littéraire* de mai 1773. Afin de relier ce récit à *Ceci n'est pas un conte*, la première partie a paru sous le titre « Second conte », et la seconde sous le titre « Suite du second conte ». Il existe plusieurs manuscrits de ce texte qui diffèrent peu les uns des autres et qui sont conservés dans le fonds Vandeul de la Bibliothèque nationale de France, dans le fonds de la *Correspondance littéraire*, et dans le fonds Diderot de la Bibliothèque de Saint-Pétersbourg. À l'instar d'une grande partie des éditeurs modernes de ce conte, c'est la version conservée dans le fonds de la Bibliothèque de Saint-Pétersbourg que nous reprenons.

« Rentrons-nous ?

– C'est de bonne heure.

– Voyez-vous ces nuées [1] ?

– Ne craignez rien ; elles disparaîtront d'elles-mêmes et sans le secours de la moindre haleine de vent [2].

– Vous croyez ?

– J'en ai fait souvent l'observation en été dans les temps chauds. La partie basse de l'atmosphère que la pluie a dégagée de son humidité va reprendre une portion de la vapeur épaisse qui forme le voile obscur qui vous dérobe le ciel. La masse de cette vapeur se distribuera [3] à peu près également dans toute la masse de l'air, et par cette exacte distribution ou combinaison, comme il vous plaira de dire, l'atmosphère deviendra transparente et lucide.

---

1. L'*incipit* du *Supplément au Voyage de Bougainville* (publ. 1796) s'ouvre de manière similaire sur un échange relatif aux conditions atmosphériques : « A. – Cette superbe voûte étoilée, sous laquelle nous revînmes hier, et qui semblait nous garantir un beau jour, ne nous a pas tenu parole. B. – Qu'en savez-vous ? A. – Le brouillard est si épais qu'il nous dérobe la vue des arbres voisins. B. – Il est vrai ; mais si ce brouillard, qui ne reste dans la partie inférieure de l'atmosphère que parce qu'elle est suffisamment chargée d'humidité, retombe sur la terre ? A. – Mais si au contraire il traverse l'éponge, s'élève et gagne la région supérieure où l'air est moins dense, et peut, comme disent les chimistes, n'être pas saturé ? B. – Il faut attendre. »

2. ***La moindre haleine de vent*** : le moindre souffle de vent.

3. ***Se distribuera*** : se répartira.

C'est une opération de nos laboratoires qui s'exécute en grand au-dessus de nos têtes. Dans quelques heures des points azurés [1] commenceront à percer à travers les nuages raréfiés ; les nuages se raréfieront de plus en plus. Les points azurés se multiplieront et s'étendront ; bientôt vous ne saurez ce que sera devenu le crêpe [2] noir qui vous effrayait, et vous serez surpris et récréé [3] de la limpidité de l'air, de la pureté du ciel et de la beauté du jour.

– Mais cela est vrai, car tandis que vous parliez, je regardais, et le phénomène semblait s'exécuter à vos ordres.

– Ce phénomène n'est qu'une espèce de dissolution de l'eau par l'air [4].

– Comme la vapeur qui ternit la surface extérieure d'un verre que l'on remplit d'eau glacée n'est qu'une espèce de précipitation.

– Et ces énormes ballons qui nagent ou restent suspendus dans l'atmosphère ne sont qu'une surabondance d'eau que l'air saturé ne peut dissoudre.

– Ils demeurent là comme les morceaux de sucre au fond d'une tasse de café qui n'en saurait plus prendre.

– Fort bien.

– Et vous promettez donc à notre retour…

– Une voûte aussi étoilée que vous l'ayez jamais vue.

– Puisque nous continuons notre promenade, pourriez-vous me dire, vous qui connaissez tous ceux qui fréquentent ici [5], quel est ce personnage sec, long et mélancolique qui s'est assis, qui

---

1. ***Des points azurés*** : il s'agit des étoiles.

2. ***Crêpe*** : tissu serré de soie, de laine fine. Le mot est ici employé au sens figuré, nouvelle métaphore pour désigner le phénomène observé.

3. ***Récréé*** : amusé, diverti.

4. Cette théorie est développée dans l'article « Évaporation » de l'*Encyclopédie*. Ces considérations météorologiques doivent être lues comme une métaphore des comportements des hommes. Dès l'*incipit*, Diderot inscrit l'intention philosophique qui sous-tend l'ensemble de son conte : l'inconstance des hommes.

5. ***Qui fréquentent ici*** : qui viennent ici, qui fréquentent ce lieu.

n'a pas dit un mot, et qu'on a laissé seul dans le salon lorsque le reste de la compagnie[1] s'est dispersé ?

– C'est un homme dont je respecte vraiment la douleur.

– Et vous le nommez ?

– Le chevalier Desroches.

– Ce Desroches qui est devenu possesseur d'une fortune immense à la mort d'un père avare s'est fait un nom par sa dissipation, ses galanteries et la diversité de ses états[2] ?

– Lui-même.

– Ce fou qui a subi toutes sortes de métamorphoses, et qu'on a vu successivement en petit collet, en robe de Palais et en uniforme[3] ?

– Oui, ce fou.

– Qu'il est changé !

– Sa vie est un tissu d'événements singuliers. C'est une des plus malheureuses victimes des caprices du sort et des jugements inconsidérés des hommes[4]. Lorsqu'il quitta l'Église pour la magistrature, sa famille jeta les hauts cris ; et tout le sot public qui ne manque jamais de prendre le parti des pères contre les enfants, se mit à clabauder à l'unisson[5].

---

1. ***Compagnie*** : assemblée de personnes.

2. Le chevalier Desroches s'est manifestement fait connaître par la ruine de son héritage – qu'il semble avoir totalement dilapidé –, ses affaires de cœur et plus particulièrement ses infidélités, et ses revers de fortune.

3. Par « petit collet » (partie de vêtement qui entoure le cou et qui désigne, par synecdoque, l'habit religieux), « robe de Palais » (c'est-à-dire habit de juge) et « uniforme », le texte évoque les différentes fonctions occupées par Desroches, successivement ecclésiastique, magistrat et militaire.

4. Cette formule est à rapprocher du sous-titre figurant sur la version que Naigeon a donnée de *Madame de La Carlière* : « Sur l'inconséquence de nos jugements publics » (voir note p. 93).

5. ***Se mit à clabauder à l'unisson*** : se mit à crier en chœur. Au sens propre, le verbe « clabauder » signifie « aboyer » ; au sens figuré, « crier, faire du bruit mal à propos et sans sujet » (*Dictionnaire de l'Académie*, 1694).

– Ce fut bien un autre vacarme lorsqu'il se retira du tribunal pour entrer au service [1]. Cependant que fit-il ? Un trait de vigueur dont nous nous glorifierions l'un et autre, et qui le qualifia [2] la plus mauvaise tête qu'il y eût ; et puis vous êtes étonné que l'effréné bavardage de ces gens-là m'importune, m'impatiente, me blesse !

– Ma foi, je vous avoue que j'ai jugé Desroches comme tout le monde.

– Et c'est ainsi que de bouche en bouche, échos ridicules les unes des autres, un galant homme est traduit pour un plat homme [3], un homme d'esprit pour un sot, un homme honnête pour un coquin, un homme de courage pour un insensé, et réciproquement. Non, ces impertinents jaseurs ne valent pas la peine que l'on compte leur approbation, leur improbation pour quelque chose [4] dans la conduite de sa vie. Écoutez, morbleu ! et mourez de honte. Desroches entre conseiller au Parlement très jeune ; des circonstances favorables le conduisent rapidement à la Grand-Chambre [5] ; il est de Tournelle [6] à son tour et l'un des rapporteurs dans une affaire criminelle. D'après ses conclusions le malfaiteur est condamné au dernier supplice [7]. Le jour de l'exécution il est d'usage que ceux qui ont décidé la sentence du tribunal se ren-

1. ***Service*** : ici, service du roi dans les armées.
2. ***Qui le qualifia*** : qui fit de lui.
3. ***Est traduit pour un plat homme*** : passe pour un homme vulgaire. « ["Plat"] se dit des pensées, des productions de l'esprit, et signifie : qui n'a point d'agrément, point de grâce, qui n'a rien qui plaise, qui est extrêmement trivial » (*Dictionnaire de l'Académie*, 1762).
4. ***Que l'on compte leur approbation, leur improbation pour quelque chose*** : que l'on tienne compte de leur approbation ou de leur désapprobation.
5. ***La Grand-Chambre*** : chambre principale du parlement de Paris sous l'Ancien Régime.
6. ***Tournelle*** : nom de la chambre chargée de juger les affaires criminelles, où les conseillers de la Grand-Chambre siégeaient à tour de rôle, d'où son nom.
7. ***Au dernier supplice*** : à la peine capitale.

dent à l'Hôtel de Ville afin d'y recevoir les dernières dispositions du malheureux, s'il en a quelques-unes à faire, comme il arriva cette fois-là. C'était en hiver. Desroches et son collègue étaient assis devant le feu lorsqu'on leur annonça l'arrivée du patient[1]. Cet homme que la torture avait disloqué était étendu et porté sur un matelas. En entrant il se relève, il tourne ses regards vers le ciel, il s'écrie : "Grand Dieu ! Tes jugements sont justes..." Le voilà sur son matelas au pied de Desroches. "Est-ce vous, Monsieur, qui m'avez condamné ? lui dit-il en l'apostrophant d'une voix forte. Je suis coupable du crime dont on m'accuse, oui, je le suis, je le confesse[2] ; mais vous n'en savez rien..." Puis reprenant toute la procédure, il démontra clair comme le jour qu'il n'y avait ni solidité dans les preuves, ni justice dans la sentence[3]. Desroches saisi d'un tremblement universel, se lève, déchire sur lui sa robe magistrale et renonce pour jamais à la périlleuse fonction de prononcer sur la vie des hommes[4]. Et voilà ce qu'ils appellent un fou ! Un homme qui se connaît et qui craint d'avilir l'habit ecclésiastique par de mauvaises mœurs, ou de se trouver un jour souillé du sang de l'innocent.

– C'est qu'on ignore ces choses-là.

– C'est qu'il faut se taire quand on ignore.

– Mais pour se taire, il faut se méfier.

– Et quel inconvénient à se méfier ?

– De refuser de la croyance à vingt personnes qu'on estime, en faveur d'un homme qu'on ne connaît pas.

---

1. ***Patient*** : condamné.
2. ***Je le confesse*** : je le reconnais, je l'admets.
3. ***Dans la sentence*** : dans le jugement.
4. ***Prononcer sur la vie des hommes*** : ici, juger. Jacques Proust (*Quatre Contes*, Droz, 1964) rapproche ce passage du commentaire que Diderot donne du *Triomphe de la Justice*, toile exposée par Louis-Jacques Durameau au Salon de 1767 ; l'auteur y assimile la Tournelle représentée par le peintre à une « espèce d'Inquisition d'où le crime intrépide, subtil, hardi, s'échappe quelquefois par les formes, qui immolent d'autres fois l'innocence timide, effrayée, alarmée ».

– Eh ! Monsieur, je ne vous demande pas tant de garants [1] quand il s'agira d'assurer le bien ; mais le mal !... Laissons cela, vous m'écartez de mon récit et me donnez de l'humeur [2]... Cependant il fallait être quelque chose [3]. Il acheta une compagnie [4].

– C'est-à-dire qu'il laissa le métier de condamner ses semblables pour celui de les tuer sans aucune forme de procès.

– Je n'entends pas [5] comment on plaisante en pareil cas.

– Que voulez-vous ! vous êtes triste et je suis gai.

– C'est la suite de son histoire qu'il faut savoir pour apprécier la valeur du caquet public [6].

– Je la saurais, si vous vouliez.

– Cela sera long.

– Tant mieux.

– Desroches fait la campagne de 1745 [7] et se montre bien [8]. Échappé aux dangers de la guerre, à deux cents mille coups de fusil, il vient se faire casser la jambe par un cheval ombrageux [9] à douze ou quinze lieues [10] d'une maison de campagne où il s'était

---

1. Un ***garant*** est « celui qui répond du fait d'autrui ou de son propre fait » (*Dictionnaire de l'Académie*, 1694).

2. ***Vous* [...] *me donnez de l'humeur*** : vous me mettez de mauvaise humeur, vous me fâchez.

3. ***Il fallait être quelque chose*** : il fallait avoir une situation.

4. Les nobles avaient en effet la possibilité d'acheter une troupe (une compagnie) pour servir le roi dans ses campagnes militaires.

5. ***Je n'entends pas*** : je ne comprends pas.

6. ***Pour apprécier la valeur du caquet public*** : pour juger du crédit qu'il faut accorder aux commérages.

7. Au cœur de la guerre de Succession d'Autriche, qui s'étend de 1741 à 1748, l'année 1745 est celle de la victoire de l'armée française à Fontenoy.

8. ***Se montre bien*** : se montre courageux.

9. ***Ombrageux*** : « se dit au propre des chevaux, mulets, etc., qui sont sujets à avoir peur, et à s'arrêter ou se jeter subitement à quartier [parois latérales du sabot] quand ils voient l'ombre de quelque chose, ou quelque objet qui les surprend » (*Dictionnaire de l'Académie*, 1694).

10. ***Douze ou quinze lieues*** : environ cinquante ou soixante kilomètres.

proposé de passer son quartier d'hiver ; et Dieu sait comment cet accident fut arrangé par nos agréables [1].

– C'est qu'il y a certains personnages dont on s'est fait une habitude de rire et qu'on ne plaint de rien [2].

– Un homme qui a la jambe fracassée, cela est en effet très plaisant [3] ! Eh bien, messieurs les rieurs impertinents, riez bien, mais sachez qu'il eût peut-être mieux valu pour Desroches d'avoir été emporté d'un boulet de canon ou d'être resté sur le champ de bataille, le ventre crevé d'un coup de baïonnette. Cet accident lui arriva dans un méchant [4] petit village où il n'y avait d'asile supportable [5] que le presbytère ou le château. On le transporta au château qui appartenait à une jeune veuve appelée Mme de La Carlière, la dame du lieu.

– Qui n'a pas entendu parler de Mme de La Carlière ? Qui n'a pas entendu parler de ses complaisances sans bornes [6] pour un vieux mari jaloux à qui la cupidité [7] de ses parents l'avait sacrifiée à l'âge de quatorze ans ?

– À cet âge où l'on prend le plus sérieux des engagements, parce qu'on mettra du rouge et qu'on aura de belles boucles. Mme de La Carlière fut avec son premier mari de la conduite la plus réservée et la plus honnête.

– Je le crois puisque vous me le dites.

– Elle reçut et traita le chevalier Desroches avec toutes les attentions imaginables. Ses affaires la rappelaient à la ville ; malgré ses affaires et les pluies continuelles d'un vilain automne qui,

---

1. ***Fut arrangé par nos agréables*** : fut raconté par nos commères. Le verbe « arranger » signifie « accommoder, établir, mettre en bon ordre » (*Dictionnaire de l'Académie*, 1762) ; son emploi est ici ironique.
2. ***Qu'on ne plaint de rien*** : qu'on ne plaint pas.
3. ***Plaisant*** : amusant. « Se dit aussi par manière de mépris, et pour signifier, impertinent, ridicule » (*Dictionnaire de l'Académie*, 1762).
4. ***Méchant*** : détestable.
5. ***Asile supportable*** : lieu de retraite acceptable.
6. ***Ses complaisances sans bornes*** : ses attentions sans limites.
7. ***Cupidité*** : soif du gain.

en gonflant les eaux de la Marne qui coule dans son voisinage, l'exposait à ne sortir de chez elle qu'en bateau, elle prolongea son séjour à sa terre jusqu'à l'entière guérison de Desroches. Le voilà guéri. Le voilà à côté de Mme de La Carlière dans une même voiture qui les ramène à Paris, et le chevalier lié de reconnaissance[1] et attaché d'un sentiment plus doux à sa jeune, riche et belle hospitalière.

– Il est vrai que c'était une créature céleste ; elle ne parut jamais au spectacle[2] sans faire sensation.

– Et c'est là que vous l'avez vue ?

– Il est vrai.

– Pendant la durée d'une intimité de plusieurs années, l'amoureux chevalier, qui n'était pas indifférent à Mme de La Carlière, lui avait proposé plusieurs fois de l'épouser, mais la mémoire récente des peines qu'elle avait endurées sous la tyrannie d'un premier époux, et plus encore cette réputation de légèreté que le chevalier s'était faite par une multitude d'aventures galantes, effrayaient Mme de La Carlière qui ne croyait pas à la conversion[3] des hommes de ce caractère[4]. Elle était alors en procès avec les héritiers de son mari.

– N'y eut-il pas encore des propos à l'occasion de ce procès-là ?

– Beaucoup et de toutes les couleurs. Je vous laisse à penser si Desroches, qui avait conservé nombre d'amis dans la magistrature, s'endormit sur les intérêts de Mme de La Carlière[5].

– Et si nous l'en supposions reconnaissante ?

– Il était sans cesse à la porte des juges.

---

1. ***Lié de reconnaissance*** : très reconnaissant.
2. ***Au spectacle*** : au théâtre.
3. ***Conversion*** : changement.
4. ***Des hommes de ce caractère*** : des libertins.
5. ***Je vous laisse à penser si Desroches*** [...] ***s'endormit sur les intérêts de Mme de La Carlière*** : vous imaginez que Desroches prit beaucoup de soin aux intérêts de Mme de La Carlière.

– Le plaisant, c'est que[1] parfaitement guéri de sa fracture, il ne les visitait jamais sans un brodequin[2] à la jambe : il prétendait que ses sollicitations appuyées de son brodequin en devenaient plus touchantes ; il est vrai qu'il le plaçait tantôt d'un côté, tantôt d'un autre, et qu'on en faisait quelquefois la remarque.

– Et que pour le distinguer d'un parent de même nom, on l'appela Desroches le Brodequin. Cependant à l'aide du bon droit et du brodequin pathétique du chevalier, Mme de La Carlière gagna son procès.

– Et devint Mme Desroches en titre[3].

– Comme vous y allez ! Vous n'aimez pas les détails communs, et je vous en fais grâce. Ils étaient d'accord, ils touchaient au moment de leur union[4], lorsque Mme de La Carlière après un repas d'apparat[5], au milieu d'un cercle nombreux[6], composé des deux familles et d'un certain nombre d'amis, prenant un maintien auguste[7] et un ton solennel, s'adressa au chevalier et lui dit : "Monsieur Desroches, écoutez-moi. Aujourd'hui nous sommes libres l'un et l'autre, demain nous ne le serons plus, et je vais devenir maîtresse de votre bonheur ou de votre malheur ; vous du mien. J'y ai bien réfléchi ; daignez[8] y penser aussi sérieusement. Si vous vous sentez ce même penchant à[9] l'inconstance qui vous a dominé jusqu'à présent, si je ne suffisais pas à toute l'étendue

---

1. ***Le plaisant, c'est que*** : le plus amusant, c'est que…

2. ***Brodequin*** : chaussure d'étoffe, de peau, couvrant le pied et le bas de la jambe.

3. ***Et devint Mme Desroches en titre*** : et devint officiellement Mme Desroches.

4. ***Ils touchaient au moment de leur union*** : ils arrivaient au moment où ils allaient s'unir.

5. ***Repas d'apparat*** : repas solennel.

6. ***Cercle nombreux*** : grande assemblée.

7. ***Maintien auguste*** : noble posture.

8. ***Daignez*** : veuillez.

9. ***Ce même penchant à*** : cette même tendance pour.

de vos désirs, ne vous engagez pas [1], je vous en conjure par vous-même et par moi. Songez que moins je me crois faite pour être négligée, plus je ressentirais vivement une injure. J'ai de la vanité [2] et beaucoup. Je ne sais pas haïr, mais personne ne sait mieux mépriser, et je ne reviens point du mépris. Demain, au pied des autels, vous jurerez de m'appartenir et de n'appartenir qu'à moi. Sondez-vous, interrogez votre cœur tandis qu'il en est encore temps ; songez qu'il y va de ma vie. Monsieur, on me blesse aisément, et la blessure de mon âme ne cicatrise point, elle saigne toujours. Je ne me plaindrai point, parce que la plainte, importune d'abord [3], finit par aigrir le mal, et parce que la pitié est un sentiment qui dégrade celui qui l'inspire. Je renfermerai ma douleur et j'en périrai. Chevalier, je vais vous abandonner ma personne et mon bien, vous résigner [4] mes volontés et mes fantaisies, vous serez tout au monde pour moi, mais il faut que je sois tout au monde pour vous, je ne puis être satisfaite à moins [5]. Je suis, je crois, l'unique pour vous dans ce moment, et vous l'êtes certainement pour moi ; mais il est très possible que nous rencontrions, vous, une femme qui soit plus aimable, moi, quelqu'un qui me le paraisse. Si la supériorité de mérite, réelle ou présumée, justifiait l'inconstance, il n'y aurait plus de mœurs. J'ai des mœurs [6], je veux en avoir ; je veux que vous en ayez. C'est par tous les sacrifices imaginables que je prétends vous acquérir [7] et vous acquérir sans réserve. Voilà mes droits, voilà mes titres [8], et je n'en rabattrai jamais rien [9]. Je ferai tout pour que vous ne soyez pas

1. ***Ne vous engagez pas*** : ne contractez pas cet engagement.
2. ***Vanité*** : amour-propre, orgueil, fierté.
3. ***Importune d'abord*** : d'abord pénible. « Importun » signifie « fâcheux, incommode, qui déplaît, qui ennuie à force d'assiduité, ou à force de mauvais discours » (*Dictionnaire de l'Académie*, 1762).
4. ***Vous résigner*** : abandonner pour vous.
5. ***Être satisfaite à moins*** : attendre moins.
6. ***J'ai des mœurs*** : j'ai de bonnes mœurs.
7. ***Vous acquérir*** : vous posséder.
8. ***Titres*** : titres de noblesse.
9. ***Je n'en rabattrai jamais rien*** : je ne reviendrai jamais sur cela.

seulement un inconstant, mais pour qu'au jugement des hommes sensés, au jugement de votre propre conscience vous soyez le dernier des ingrats. J'accepte le même reproche si je ne réponds pas à vos soins, à vos égards, à votre tendresse, au-delà de vos espérances. J'ai appris ce dont j'étais capable à côté d'un époux qui ne rendait les devoirs d'une femme ni faciles ni agréables. Voyez ce que vous avez à craindre de vous. Parlez-moi, chevalier, parlez-moi nettement [1] ; ou je deviendrai votre épouse, ou je resterai votre amie : l'alternative n'est pas cruelle. Mon ami, mon tendre ami, je vous en conjure, ne m'exposez pas à détester, à fuir le père de mes enfants, et peut-être dans un excès de désespoir à repousser leurs innocentes caresses : que je puisse toute ma vie, avec un nouveau transport [2], vous retrouver en eux et me réjouir d'avoir été leur mère. Donnez-moi la plus grande marque de confiance qu'une femme honnête ait sollicitée [3] d'un galant homme : refusez-moi, refusez-moi, si vous croyez que je me mette à un trop haut prix. Loin d'en être offensée, je jetterai mes bras autour de votre cou, et l'amour de celles que vous avez captivées et les fadeurs [4] que vous leur avez débitées ne vous auront jamais valu un baiser aussi sincère, aussi doux que celui que vous aurez obtenu de votre franchise et de ma reconnaissance."

– Je crois avoir entendu dans le temps une parodie bien comique de ce discours.

– Et par quelque bonne amie de Mme de La Carlière ?

– Ma foi, je me la rappelle, vous avez deviné.

– Et cela ne suffirait pas à rencogner [5] un homme au fond d'une forêt, loin de toute cette décente canaille [6] pour laquelle il n'y a

1. ***Nettement*** : sans détours, honnêtement.
2. ***Avec un nouveau transport*** : avec une énergie nouvelle.
3. ***Ait sollicitée*** : ait instamment demandée, ait exigée.
4. ***Fadeurs*** : platitudes.
5. ***Rencogner*** : terme familier signifiant « repousser ».
6. Diderot s'en prend une nouvelle fois aux bien-pensants et détourne l'usage du mot « canaille », généralement employé pour désigner « la plus vile populace », « les gens qu'on méprise » (*Dictionnaire de l'Académie*, 1762).

rien de sacré ? J'irai, cela finira par là, rien n'est plus sûr, j'irai. L'assemblée qui avait commencé par sourire finit par verser des larmes. Desroches se précipita aux genoux de Mme de La Carlière, se répandit en protestations honnêtes et tendres, n'omit rien de ce qui pouvait aggraver ou excuser sa conduite passée, compara Mme de La Carlière aux femmes qu'il avait connues et délaissées, tira de ce parallèle juste et flatteur des motifs de la rassurer, de se rassurer lui-même contre un penchant à la mode [1], une effervescence de jeunesse, le vice des mœurs générales plutôt que le sien ; ne dit rien qu'il ne pensât et qu'il ne se promît de faire. Mme de La Carlière le regardait, l'écoutait, cherchait à le pénétrer [2] dans ses discours, dans ses mouvements, et interprétait tout à son avantage.

– Pourquoi non, s'il était vrai [3] ?

– Elle lui avait abandonné une de ses mains qu'il baisait, qu'il pressait contre son cœur, qu'il baisait encore et qu'il mouillait de larmes. Tout le monde partageait leur tendresse [4] : toutes les femmes sentaient [5] comme Mme de La Carlière, tous les hommes comme le chevalier.

– C'est l'effet de ce qui est honnête [6], de ne laisser à une grande assemblée qu'une pensée et qu'une âme. Comme on s'estime, comme on s'aime dans ces moments ! Par exemple, que l'humanité est belle au spectacle [7] ! Pourquoi faut-il qu'on se sépare si vite ! Les hommes sont si bons et si heureux lorsque l'honnête réunit leurs suffrages [8], les confond, les rend uns.

---

1. *Un penchant à la mode* : il s'agit de l'infidélité. L'inconstance du chevalier Desroches a déjà été évoquée à plusieurs reprises.
2. *À le pénétrer* : à le percer.
3. *S'il était vrai* : s'il disait la vérité, s'il était sincère.
4. *Leur tendresse* : leurs sentiments.
5. *Sentaient* : étaient émues.
6. *C'est l'effet de ce qui est honnête* : c'est la conséquence de la sincérité.
7. Diderot fait ici allusion à l'utilité morale du théâtre tout en pointant ses limites, position qu'il défend dans ses *Entretiens sur Le Fils naturel* (1757) et à laquelle s'opposera Rousseau dans sa *Lettre à d'Alembert sur les spectacles* (1758).
8. *Leurs suffrages* : leurs approbations.

– Nous jouissions de ce bonheur qui nous assimilait [1], lorsque Mme de La Carlière transportée d'un mouvement d'âme exaltée, se leva et dit à Desroches : “Chevalier, je ne vous crois pas encore, mais tout à l'heure je vous croirai...”

– La petite comtesse jouait sublimement cet enthousiasme de sa belle cousine [2].

– Elle est bien plus faite pour le jouer que pour le sentir. “Les serments prononcés au pied des autels [3]...” Vous riez !

– Ma foi, je vous en demande pardon, mais je vois encore la petite comtesse hissée sur la pointe de ses pieds et j'entends son ton emphatique [4].

– Allez, vous êtes un scélérat, un corrompu comme tous ces gens-là, et je me tais.

– Je vous promets de ne plus rire.

– Prenez-y garde.

– Eh bien, “les serments prononcés au pied des autels...”

– “Ont été suivis de tant de parures, que je ne fais aucun compte de la promesse solennelle de demain. La présence de Dieu est moins redoutable pour nous que le jugement de nos semblables. Monsieur Desroches, approchez, voilà ma main, donnez-moi la vôtre, et jurez-moi une fidélité, une tendresse éternelles. Attestez-en [5] les hommes qui nous entourent : permettez que s'il arrive que vous me donniez quelques sujets légitimes de me plaindre, je vous dénonce à ce tribunal et vous livre à son indignation :

---

1. ***Qui nous assimilait*** : qui nous rapprochait.
2. Il s'agit de la personne qui a rapporté l'histoire, déjà évoquée plus haut (l. 242-243, p. 105).
3. Dans ce passage, Diderot ironise sur la futilité de tels serments. On retouve la même ironie dans *Jacques le Fataliste* : « Le premier serment que se firent deux êtres de chair, ce fut au pied d'un rocher qui tombait en poussière; ils attestèrent de leur constance un ciel qui n'est pas un instant le même; tout passait en eux et autour d'eux, et ils croyaient leurs cœurs affranchis de vicissitudes ».
4. ***Emphatique*** : grandiloquent.
5. ***Attestez-en*** : prenez-en à témoin.

consentez[1] qu'ils se rassemblent à ma voix et qu'ils vous appellent traître, ingrat, perfide, homme faux, homme méchant. Ce sont mes amis et les vôtres : consentez qu'au moment où je vous perdrais, il ne vous en reste aucun. Vous, mes amis, jurez-moi de le laisser seul..." À l'instant le salon retentit de cris mêlés : "Je promets, je permets, je consens, nous le jurons..." Et au milieu de ce tumulte délicieux, le chevalier qui avait jeté ses bras autour de Mme de La Carlière la baisait sur le front, sur les yeux, sur les joues. "Mais, chevalier !..."

« "Mais, madame, la cérémonie est faite, je suis votre époux, vous êtes ma femme.

« – Au fond des bois assurément ; ici il manque une petite formalité d'usage. En attendant mieux, tenez, voilà mon portrait, faites-en ce qu'il vous plaira. N'avez-vous pas ordonné le vôtre[2] ? Si vous l'avez, donnez-le-moi."

« Desroches présenta son portrait à Mme de La Carlière qui le mit à son bras et qui se fit appeler le reste de la journée Mme Desroches.

– Je suis bien pressé de savoir ce que cela deviendra.

– Un moment de patience ; je vous ai promis d'être long, et il faut que je vous tienne parole. Mais... il est vrai : c'était dans le temps de votre grande tournée et vous étiez alors absent du royaume[3].

« Deux ans, deux ans entiers, Desroches et sa femme furent les époux les plus unis, les plus heureux. On crut Desroches vraiment corrigé[4] et il l'était en effet. Ses amis de libertinage qui avaient entendu parler de la scène précédente et qui en avaient plaisanté, disaient que c'était réellement le prêtre qui portait malheur et que

---

1. *Consentez* : acceptez.

2. *N'avez-vous pas ordonné le vôtre ?* : n'avez-vous pas demandé qu'on fasse le vôtre ?

3. C'est ici que s'arrêtait la première partie du conte publiée en avril 1773 dans la *Correspondance littéraire* de Grimm.

4. *Corrigé* : amendé, changé, transformé.

Mme de La Carlière avait découvert, au bout de deux mille ans, le secret d'esquiver la malédiction du sacrement [1]. Desroches eut un enfant de Mme de La Carlière que j'appellerai Mme Desroches jusqu'à ce qu'il me convienne d'en user autrement; elle voulut absolument le nourrir [2]. Ce fut un long et périlleux intervalle pour un jeune homme d'un tempérament ardent et peu fait à cette espèce de régime [3]. Tandis que Mme Desroches était à ses fonctions...

– Son mari se répandait [4] dans la société, et il eut le malheur de rencontrer un jour sur son chemin une de ces femmes séduisantes, artificieuses [5], secrètement irritées de voir ailleurs une concorde [6] qu'elles ont exclue de chez elles, et dont il semble que l'étude [7] et la consolation soient de plonger les autres dans la misère qu'elles éprouvent.

– C'est votre histoire, mais ce n'est pas la sienne. Desroches qui se connaissait, qui connaissait sa femme, qui la respectait, qui la redoutait...

– C'est presque la même chose.

– Passait ses journées à côté d'elle; son enfant, dont il était fou, était presque aussi souvent entre ses bras qu'entre ceux de la mère dont il s'occupait avec quelques amis communs à soulager

---

1. ***La malédiction du sacrement*** : le cocuage.
2. Placer son enfant en nourrice est une pratique courante dans les familles bourgeoises et aristocratiques de l'époque. En choisissant d'allaiter son enfant, Mme de La Carlière se démarque des mœurs de ses contemporaines. Au XVIIIe siècle, l'allaitement était considéré incompatible avec la sexualité. Ce point aura son importance dans la suite du récit. Rousseau a fait l'éloge de l'allaitement maternel dans *Émile ou De l'éducation* (1762) et a contribué à sa pratique parmi l'aristocratie.
3. ***Cette espèce de régime*** : l'abstinence sexuelle.
4. ***Se répandait*** : ici, se montrait fréquemment.
5. ***Artificieuses*** : hypocrites, retorses.
6. ***Concorde*** : bonne entente.
7. ***Étude*** : «application d'esprit, soin particulier qu'on apporte pour parvenir à quelque chose que ce soit» (*Dictionnaire de l'Académie*, 1762).

la tâche honnête, mais pénible, par la variété des amusements domestiques [1].

– Cela est fort beau.

– Certainement. Un de ces amis s'était engagé dans les opérations [2] du gouvernement. Le ministère lui redevait une somme considérable qui faisait presque toute sa fortune et dont il sollicitait inutilement la rentrée. Il s'en ouvrit à Desroches. Celui-ci se rappela qu'il avait été autrefois fort bien avec une femme assez puissante par ses liaisons pour finir cette affaire. Il se tut, mais dès le lendemain il vit cette femme et lui parla. On [3] fut enchantée de retrouver et de servir un galant homme qu'on avait tendrement aimé et sacrifié à des vues ambitieuses. Cette première entrevue fut suivie de plusieurs autres. Cette femme était charmante ; elle avait des torts, et la manière dont elle s'en expliquait n'était point équivoque. Desroches fut quelque temps incertain de ce qu'il ferait.

– Ma foi, je ne sais pas pourquoi.

– Mais moitié goût, désœuvrement ou faiblesse, moitié crainte qu'un misérable scrupule…

– Sur un amusement assez indifférent à sa femme.

– Ne ralentît la vivacité de la protectrice de son ami et n'arrêtât le succès de sa négociation, il oublia un moment Mme Desroches et s'engagea dans une intrigue [4] que sa complice avait le plus

---

1. La manière dont Desroches se comporte avec son enfant traduit une réelle évolution de la sensibilité au XVIIIe siècle. En effet, s'y développent progressivement autant l'amour maternel que l'amour paternel, avec une transformation de l'image du père, qui rompt avec l'expression d'une autorité austère pour devenir symbole d'amour et de compréhension. Diderot a déjà mis en scène à plusieurs reprises cette nouvelle figure paternelle dans ses œuvres : *Le Fils naturel* (1757), *Le Père de famille* (1758), *Entretien d'un père avec ses enfants* (commencé en 1770 mais publié en 1773). C'est notamment dans *Le Père de famille* que le héros s'écrie : « Qu'y a-t-il au monde qu'un père aime plus que son enfant ? »

2. ***Opérations*** : ici, opérations financières.

3. « On » désigne la femme « puissante par ses liaisons ».

4. ***Intrigue*** : le mot désigne à la fois une affaire embrouillée et une liaison secrète.

grand intérêt de tenir secrète, et dans une correspondance nécessaire et suivie. On se voyait peu, mais on s'écrivait souvent. J'ai dit cent fois aux amants : "N'écrivez point, les lettres vous perdront[1] : tôt ou tard le hasard en détournera une de son adresse. Le hasard combine tous les cas possibles, et il ne lui faut que du temps pour amener la chance fatale."

– Aucuns ne vous ont cru[2] ?

– Et tous se sont perdus, et Desroches comme cent mille qui l'ont précédé et cent mille qui le suivront. Celui-ci gardait les siennes dans un de ces petits coffrets cerclés en dessus et par les côtés de lames d'acier. À la ville, à la campagne le coffret était sous la clef d'un secrétaire[3] ; en voyage il était déposé dans une des malles de Desroches ou sur le devant de la voiture ; cette fois-ci il était sur le devant. Ils partent, ils arrivent. En mettant pied à terre, Desroches donne à un domestique le coffret à porter dans son appartement où l'on n'arrivait qu'en traversant celui de sa femme. Là, l'anneau casse, le coffret tombe, le dessus se sépare du reste, et voilà une multitude de lettres éparses aux pieds de Mme Desroches. Elle en ramasse quelques-unes et se convainc[4] de la perfidie de son époux. Elle ne se rappela jamais cet instant sans frisson. Elle me disait qu'une sueur froide s'était échappée de toutes les parties de son corps, et qu'il lui avait semblé qu'une griffe de fer lui serrait le cœur et tiraillait ses entrailles. Que va-t-elle devenir ? Que fera-t-elle ? Elle se recueillit, elle rappela ce qui lui restait de raison et de force : entre ces lettres, elle fit choix de quelques-unes des plus significatives ; elle rajusta le fond du cof-

1. La révélation d'un adultère par la découverte des lettres des amants est un épisode classique des romans épistolaires du XVIIIe siècle dont *Les Liaisons dangereuses* (1782) de Choderlos de Laclos (1741-1803) offrent sans doute l'exemple le plus connu.

2. ***Aucuns ne vous ont cru ?*** : personne ne vous a cru ?

3. ***Secrétaire*** : ici, « bureau où l'on écrit et où l'on renferme des papiers » (*Dictionnaire de l'Académie*, 1762).

4. ***Se convainc*** : est convaincue.

fret, et ordonna au domestique de le placer dans l'appartement de son maître sans parler de ce qui venait d'arriver, sous peine d'être chassé sur-le-champ. Elle avait promis à Desroches qu'il n'entendrait jamais une plainte de sa bouche, elle tint parole. Cependant la tristesse s'empara d'elle : elle pleurait quelquefois ; elle voulait être seule chez elle ou à la promenade ; elle se faisait servir dans son appartement ; elle gardait un silence continu ; il ne lui échappait que quelques soupirs involontaires. L'affligé, mais tranquille Desroches traitait cet état de vapeurs [1], quoique les femmes qui nourrissent n'y soient pas sujettes. En très peu de temps la santé de sa femme s'affaiblit au point qu'il fallut quitter la campagne et s'en revenir à la ville. Elle obtint de son mari de faire la route dans une voiture séparée. De retour ici, elle mit dans ses procédés [2] tant de réserve et d'adresse, que Desroches qui ne s'était point aperçu de la soustraction des lettres ne vit dans les légers dédains [3] de sa femme, son indifférence, ses soupirs échappés, ses larmes retenues, son goût pour la solitude, que les symptômes accoutumés de l'indisposition qu'il lui croyait. Quelquefois il lui conseillait d'interrompre la nourriture de son enfant ; c'était précisément le seul moyen d'éloigner tant qu'il lui plairait un éclaircissement [4] entre elle et son mari. Desroches continuait donc de vivre à côté de sa femme dans la plus entière sécurité [5] sur le mystère de sa conduite, lorsqu'un matin elle lui apparut grande, noble, digne, vêtue du même habit et parée des mêmes ajustements qu'elle avait portés dans la cérémonie domestique de la veille de son mariage. Ce qu'elle avait perdu

---

1. ***Vapeurs*** : « on appelle *vapeurs*, au pluriel, une certaine maladie, dont l'effet ordinaire est de rendre mélancolique, quelquefois même de faire pleurer, qui resserre le cœur, et embarrasse la tête » (*Dictionnaire de l'Académie*, 1762).
2. ***Procédés*** : manières d'agir.
3. ***Dédains*** : mépris réels ou affectés.
4. ***Éclaircissement*** : explication.
5. ***Dans la plus entière sécurité*** : dans une grande sérénité.

de fraîcheur et d'embonpoint[1], ce que la peine secrète dont elle était consumée lui avait ôté de charmes était réparé avec avantage par la noblesse de son maintien. Desroches écrivait à son amie lorsque sa femme entra. Le trouble les saisit l'un et l'autre, mais tous les deux également habiles et intéressés à[2] dissimuler, ce trouble ne fit que passer. "Ô ma femme ! s'écria Desroches, en la voyant et en chiffonnant, comme de distraction, le papier qu'il avait écrit, que vous êtes belle ! Quels sont donc vos projets du jour ?

« – Mon projet, monsieur, est de rassembler les deux familles. Nos amis, nos parents sont invités, et je compte sur vous.

« – Certainement. À quelle heure me désirez-vous ?

« – À quelle heure je vous désire ? Mais… à l'heure accoutumée.

« – Vous avez un éventail et des gants, est-ce que vous sortez ?

« – Si vous le permettez.

« – Et pourrait-on savoir où vous allez ?

« – Chez ma mère.

« – Je vous prie de lui présenter mon respect.

« – Votre respect[3] !

« – Assurément…"

« Mme Desroches ne rentra qu'à l'heure de se mettre à table. Les convives étaient arrivés, on l'attendait. Aussitôt qu'elle parut, ce fut la même exclamation que celle de son mari ; les hommes, les femmes l'entourèrent en disant tous à la fois : "Mais voyez donc qu'elle est belle !…" Les femmes rajustaient quelque chose qui s'était dérangé à sa coiffure, les hommes placés à distance et immobiles d'admiration, répétaient entre eux : "Non, Dieu ni

1. ***Embonpoint*** : ici, signe de bonne santé.
2. ***Intéressés à*** : soucieux de.
3. ***Respect*** : le mot désigne une marque de politesse mais, venant de son époux qui lui a manqué de respect, il semble déplacé.

la Nature n'ont rien fait, n'ont rien pu faire de plus imposant[1], de plus grand, de plus beau, de plus noble, de plus parfait..." "Mais ma femme, lui disait Desroches, vous ne me paraissez pas sensible à l'impression que vous faites sur nous. De grâce, ne souriez pas, un souris[2] accompagné de tant de charmes nous ravirait à tous le sens commun..." Mme Desroches répondit d'un léger mouvement d'indignation, détourna la tête et porta son mouchoir à ses yeux qui commençaient à s'humecter[3]. Les femmes qui remarquent tout, se demandaient tout bas :"Qu'a-t-elle donc ? On dirait qu'elle ait envie de pleurer..." Desroches qui les devinait[4], portait la main à son front et leur faisait signe que la tête de Madame était un peu dérangée[5].

– En effet on m'écrivit au loin qu'il se répandait un bruit sourd que la belle Mme Desroches, ci-devant la belle Mme de La Carlière, était devenue folle.

– On servit. La gaieté se montrait sur tous les visages, excepté sur celui de Mme de La Carlière. Desroches la plaisanta[6] légèrement sur son air de dignité. Il ne faisait pas assez de cas de[7] sa raison ni de celle de ses amis pour craindre le danger d'un de ses souris : "Ma femme, si tu voulais sourire..." Mme de La Carlière affecta de[8] ne pas entendre et garda son air grave. Les femmes

---

1. ***De plus imposant*** : «qui impose, qui est propre à s'attirer de l'attention, des égards, du respect» (*Dictionnaire de l'Académie*, 1762).
2. ***Souris*** : sourire.
3. ***S'humecter*** : se remplir de larmes. Cette séquence évoque les grandes scènes larmoyantes des romans sensibles dont le nombre croît durant la seconde moitié du XVIIIe siècle.
4. ***Qui les devinait*** : qui comprenait ce qu'elles étaient en train de dire. De «deviner» : «juger par voie de conjecture» (*Dictionnaire de l'Académie*, 1762).
5. ***Dérangée*** : souffrante.
6. ***La plaisanta*** : plaisanta à son sujet.
7. ***Ne faisait pas assez de cas de*** : n'accordait pas suffisamment d'intérêt, d'attention à.
8. ***Affecta de*** : fit mine de, fit semblant de.

dirent que toutes les physionomies [1] lui allaient si bien qu'on pouvait lui en laisser le choix. Le repas est achevé ; on rentre dans le salon ; le cercle est formé. Mme de La Carlière…

– Vous voulez dire Mme Desroches ?

– Non, il ne me plaît plus de l'appeler ainsi. Mme de La Carlière sonne ; elle fait signe, on lui apporte son enfant. Elle le reçoit en tremblant, elle découvre son sein, lui donne à téter et le rend à la gouvernante, après l'avoir regardé tristement et mouillé d'une larme qui tomba sur le visage de l'enfant. Elle dit en essuyant cette larme : "Ce ne sera pas la dernière…" mais ces mots furent prononcés si bas qu'on les entendit à peine. Ce spectacle attendrit tous les assistants et établit dans le salon un silence profond. Ce fut alors que Mme de La Carlière se leva, et s'adressant à la compagnie, dit ce qui suit ou l'équivalent : "Mes parents, mes amis, vous y étiez tous le jour que j'engageai ma foi [2] à M. Desroches et qu'il m'engagea la sienne. Les conditions auxquelles je reçus sa main et lui donnai la mienne, vous vous les rappelez sans doute. Monsieur Desroches, parlez, ai-je été fidèle à mes promesses ?

« – Jusqu'au scrupule [3].

« – Et vous, monsieur, vous m'avez trompée, vous m'avez trahie.

« – Moi, madame !

« – Vous, monsieur.

« – Qui sont les malheureux, les indignes [4]…

« – Il n'y a de malheureux ici que moi, et d'indigne que vous.

« – Madame.., ma femme…

1. ***Toutes les physionomies*** : toutes les expressions du visage.
2. ***J'engageai ma foi*** : j'engageai ma parole. De « foi », « assurance donnée de garder sa parole » (*Dictionnaire de l'Académie*, 1762).
3. ***Jusqu'au scrupule*** : scrupuleusement ; de « scrupule », « grande exactitude à observer la règle, à remplir ses devoirs » (*Dictionnaire de l'Académie*, 1762).
4. ***Indignes*** : personnes ayant perdu toute dignité.

«– Je ne la suis plus.

«– Madame…

«– Monsieur, n'ajoutez pas le mensonge et l'arrogance à la perfidie. Plus vous vous défendrez, plus vous serez confus [1]. Épargnez-vous vous-même."

«En achevant ces mots, elle tira les lettres de sa poche, en présenta de côté quelques-unes à Desroches et distribua les autres aux assistants. On les prit, mais on ne les lisait pas. "Messieurs, mesdames, disait Mme de La Carlière, lisez et jugez-nous. Vous ne sortirez point d'ici sans avoir prononcé [2]." Puis s'adressant à Desroches : "Vous, monsieur, vous devez connaître l'écriture." On hésita encore, mais sur les instances réitérées [3] de Mme de La Carlière on lut. Cependant Desroches tremblant, immobile, s'était appuyé la tête contre une glace, le dos tourné à la compagnie qu'il n'osait regarder. Un de ses amis en eut pitié, le prit par la main et l'entraîna hors du salon.

– Dans les détails qu'on me fit de cette scène, on me disait qu'il avait été bien plat [4] et sa femme honnêtement ridicule [5].

– L'absence de Desroches mit à l'aise : on convint de sa faute, on approuva le ressentiment de Mme de La Carlière, pourvu qu'elle ne le poussât pas trop loin ; on s'attroupa autour d'elle, on la pressa, on la supplia, on la conjura ; l'ami qui avait entraîné Desroches entrait et sortait, l'instruisant de ce qui se passait. Mme de La Carlière resta ferme dans une résolution [6] dont elle ne s'était point encore expliquée. Elle ne répondait que le même mot à tout ce qu'on lui représentait [7] ; elle disait aux femmes : "Mesdames, je ne blâme point votre indulgence…" aux hommes :

1. ***Confus*** : confondu.
2. ***Prononcé*** : jugé.
3. ***Réitérées*** : répétées.
4. ***Bien plat*** : honteux, confus.
5. ***Honnêtement ridicule*** : fort ridicule.
6. ***Résolution*** : décision.
7. ***À tout ce qu'on lui représentait*** : à tout ce qu'on lui exposait.

“Messieurs, cela ne se peut ; la confiance est perdue et il n’y a point de ressource [1]…” On ramena le mari ; il était plus mort que vif, il tomba plutôt qu’il ne se jeta aux pieds de sa femme, il y restait sans parler. Mme de La Carlière lui dit : “Monsieur, relevez-vous.” Il se releva et elle ajouta : “Vous êtes un mauvais époux ; êtes-vous, n’êtes-vous pas un galant homme ? C’est ce que je vais savoir. Je ne puis ni vous aimer ni vous estimer [2], c’est vous déclarer que nous ne sommes pas faits pour vivre ensemble. Je vous abandonne ma fortune, je n’en réclame qu’une partie suffisante pour ma subsistance étroite [3] et celle de mon enfant. Ma mère est prévenue, j’ai un logement préparé chez elle, et vous permettrez que je l’aille occuper sur-le-champ. La seule grâce que je demande et que je suis en droit d’obtenir, c’est de m’épargner un éclat qui ne changerait pas mes desseins, et dont le seul effet [4] serait d’accélérer la cruelle sentence que vous avez prononcée contre moi. Souffrez [5] que j’emporte mon enfant, et j’attende à côté de ma mère qu’elle me ferme les yeux ou que je ferme les siens. Si vous avez de la peine, soyez sûr que ma douleur et le grand âge de ma mère la finiront bientôt…” Cependant les pleurs coulaient de tous les yeux ; les femmes lui tenaient les mains, les hommes s’étaient prosternés. Mais ce fut lorsque Mme de La Carlière s’avança vers la porte, tenant son enfant entre ses bras, qu’on entendit des sanglots et des cris. Le mari criait : “Ma femme ! Ma femme ! Écoutez-moi. Vous ne savez pas…” Les hommes criaient, les femmes criaient : “Madame Desroches ! Madame !…” Le mari criait : “Mes amis, la laisserez-vous aller ! Arrêtez-la, arrêtez-la donc ! Qu’elle m’entende, que je lui parle…” Comme on le pressait de se jeter au-devant d’elle : “Non, disait-il, je ne saurais, je n’oserais ; moi, porter une main sur elle ! la toucher ! je n’en

1. ***Il n’y a point de ressource*** : il n’y a pas d’autre solution.
2. ***Vous estimer*** : avoir de l’estime pour vous.
3. ***Ma subsistance étroite*** : ma nourriture et mon entretien.
4. ***Et dont le seul effet*** : et dont le seul résultat.
5. ***Souffrez*** : acceptez, n’empêchez pas.

suis pas digne..." Mme de La Carlière partit. J'étais chez sa mère lorsqu'elle y arriva brisée des efforts qu'elle s'était faits [1]. Trois de ses domestiques l'avaient descendue de sa voiture et la portaient par la tête et par les pieds; suivait la gouvernante pâle comme la mort, avec l'enfant endormi sur son sein. On déposa cette malheureuse femme sur un lit de repos où elle resta longtemps sans mouvement, sous les yeux de sa vieille et respectable mère qui ouvrait la bouche sans crier, qui s'agitait autour d'elle, qui voulait secourir sa fille et qui ne le pouvait. Enfin la connaissance lui revint [2], et ses premiers mots en levant les paupières furent : "Je ne suis donc pas morte [3] ? C'est une chose bien douce que d'être morte. Ma mère, mettez-vous là, à côté de moi, et mourons toutes deux. Mais si nous mourons, qui aura soin de ce pauvre enfant ?..." Alors elle prit les deux mains sèches et tremblantes de sa mère dans une des siennes, elle posa l'autre sur son enfant ; elle se mit à répandre un torrent de larmes : elle sanglotait, elle voulait se plaindre, mais sa plainte et ses sanglots étaient interrompus d'un hoquet violent. Lorsqu'elle put articuler quelques paroles elle dit : "serait-il possible qu'il souffrît autant que moi !"

« Cependant on s'occupait à consoler Desroches et à lui persuader que le ressentiment [4] d'une faute aussi légère que la sienne ne pourrait durer, mais qu'il fallait accorder quelques instants à l'orgueil d'une femme fière, sensible et blessée, et que la solennité d'une cérémonie extraordinaire engageait presque d'honneur à une démarche violente. "C'est un peu notre faute", disaient les hommes... "Vraiment oui, disaient les femmes, si nous eus-

1. ***Brisée des efforts qu'elle s'était faits*** : anéantie par tous les efforts qu'elle s'était imposés.
2. ***La connaissance lui revint*** : elle reprit connaissance.
3. Mme de La Carlière espérait ici mourir de l'excès d'émotions. Cette scène fait écho à la dernière entrevue entre Gardeil et Mlle de La Chaux dans *Ceci n'est pas un conte* : dans une situation similaire, Mlle de La Chaux souhaite pareillement mourir de son excès d'émotion.
4. ***Ressentiment*** : rancune, animosité.

sions vu sa sublime momerie [1] du même œil que le public [2] et la comtesse, rien de ce qui nous désole à présent ne serait arrivé... C'est que les choses d'un certain appareil [3] nous en imposent, et que nous nous laissons aller à une sotte admiration lorsqu'il n'y aurait qu'à hausser les épaules et rire... Vous verrez, vous verrez le beau train que cette dernière scène va faire, et comme on nous tympanisera tous [4]... Entre nous cela prêtait..."

« De ce jour, Mme de La Carlière reprit son nom de veuve et ne souffrit [5] jamais qu'on l'appelât Mme Desroches. Sa porte longtemps fermée à tout le monde, le fut pour toujours à son mari. Il écrivit, on brûla ses lettres sans les ouvrir. Mme de La Carlière déclara à ses parents et à ses amis qu'elle cesserait de voir le premier qui intercéderait pour lui [6]. Les prêtres s'en mêlèrent sans fruit ; pour les grands, elle rejeta leur médiation avec tant de hauteur [7] qu'elle en fut bientôt délivrée.

– Ils dirent sans doute que c'était une impertinente, une prude renforcée.

– Et les autres le répétèrent tous d'après eux. Cependant elle était absorbée dans la mélancolie ; sa santé s'était détruite avec une rapidité inconcevable. Tant de personnes étaient confidentes de cette séparation inattendue et du motif singulier qui l'avait amenée, que ce fut bientôt l'entretien général. C'est ici que je vous

1. ***Momerie*** : « vieux terme qui signifie mascarade, bouffonnerie, déguisement de gens masqués [...]. Il est beaucoup plus d'usage au figuré, mais dans un style familier, pour signifier le déguisement de sentiments qui fait paraître autre qu'on est, qui fait jouer un personnage tout différent de ce qu'on a dans le cœur, et généralement un peu joué pour tromper » (*Dictionnaire de Trévoux*, 1771).

2. ***Le public*** : la populace, qui se comporte comme un public au spectacle.

3. ***D'un certain appareil*** : dans un certain apparat.

4. ***Comme on nous tympanisera tous*** : comme on nous critiquera tous ; de « tympaniser », qui signifie « décrier hautement et publiquement quelqu'un » (*Dictionnaire de l'Académie*, 1762).

5. ***Souffrit*** : ici, supporta.

6. ***Qui intercéderait pour lui*** : qui interviendrait en sa faveur.

7. ***Hauteur*** : arrogance.

prie de détourner vos yeux, s'il se peut, de Mme de La Carlière pour les fixer sur le public, sur cette foule imbécile qui nous juge, qui dispose de notre honneur, qui nous porte aux nues ou qui nous traîne dans la fange, et qu'on respecte d'autant plus qu'on a moins d'énergie et de vertu. Esclaves du public, vous pourrez être les fils adoptifs du tyran, mais vous ne verrez jamais le quatrième jour des Ides[1]. Il n'y avait qu'un avis sur la conduite de Mme de La Carlière, c'était une folle à enfermer… "Le bel exemple à donner et à suivre !… C'est à séparer les trois quarts des maris de leurs femmes… Les trois quarts, dites-vous ? Est-ce qu'il y en a deux sur cent qui soient fidèles à la rigueur ?… Mme de La Carlière est très aimable sans contredit[2] ; elle avait fait ses conditions, d'accord ; c'est la beauté, la vertu, l'honnêteté même ; ajoutez que le chevalier lui doit tout ; mais aussi vouloir dans tout un royaume être l'unique à qui son mari s'en tienne strictement, la prétention est par trop ridicule…" Et puis l'on continuait : "Si le Desroches en est si féru[3], que ne[4] s'adresse-t-il aux lois et que ne met-il cette femme à la raison ?"… Jugez de ce qu'ils auraient dit, si Desroches ou son ami avait pu s'expliquer ; mais tout les réduisait au silence. Ces derniers propos furent très inutilement rebattus[5] aux oreilles du chevalier ; il eût tout mis en œuvre pour recouvrer[6] sa femme, excepté la violence. Cependant Mme de La Carlière était une femme vénérée, et du centre de ces voix qui

---

1. Allusion probable à Pison (?-69), désigné par l'empereur Galba (3 av. J.-C.-69) pour successeur au détriment d'Othon (32-69), et assassiné aux ides (ou quinzième jour) de février 69, cinq jours à peine après être devenu empereur. À sa mort, le pouvoir revint finalement à Othon, qui se suicida en avril, abandonnant le pouvoir à Vitellius (15-69). Diderot a pu lire cet épisode chez Tacite (*Histoires*, Livre I, XIV-XLVIII) ou chez Suétone (*Vie des douze Césars*, IV-VI, « Othon »).

2. ***Sans contredit*** : assurément.

3. ***Féru*** : amoureux.

4. ***Que ne…*** : pourquoi ne…

5. ***Rebattus*** : communiqués, rapportés.

6. ***Recouvrer*** : récupérer, retrouver.

la blâmaient il s'en élevait quelques-unes qui hasardaient un mot de défense, mais un mot bien timide, bien faible, bien réservé, moins de conviction que d'honnêteté [1].

– Dans les circonstances les plus équivoques le parti de l'honnêteté se grossit sans cesse de transfuges [2].

– C'est bien vu.

– Le malheur qui dure réconcilie avec tous les hommes, et la perte des charmes d'une belle femme la réconcilie avec toutes les autres.

– Encore mieux. En effet lorsque la belle Mme de La Carlière ne présenta plus que son squelette, le propos de la commisération [3] se mêla à celui du blâme : "S'éteindre à la fleur de son âge, passer [4] ainsi, et cela par la trahison d'un homme qu'elle avait bien averti, qui devait la connaître, et qui n'avait qu'un seul moyen d'acquitter tout ce qu'elle avait fait pour lui : car, entre nous, lorsque ce Desroches l'épousa, c'était un cadet de Bretagne qui n'avait que la cape et l'épée… La pauvre Mme de La Carlière ! Cela est pourtant bien triste… Mais aussi pourquoi ne pas retourner avec lui ?… Ah ! Pourquoi ? C'est que chacun a son caractère, et qu'il serait peut-être à souhaiter que celui-là fût plus commun ; nos seigneurs et maîtres y regarderaient à deux fois."

«Tandis qu'on s'amusait ainsi pour et contre, en faisant du filet ou en brodant une veste, et que la balance penchait insensiblement [5] en faveur de Mme de La Carlière, Desroches était tombé dans un état déplorable d'esprit et de corps, mais on ne le voyait pas ; il s'était retiré à la campagne où il attendait dans la douleur et dans l'ennui un sentiment de pitié qu'il avait inutilement sollicité par toutes les voies de la soumission. De son côté réduite au dernier degré d'appauvrissement et de faiblesse, Mme de

1. ***Honnêteté*** : sincérité.
2. ***Transfuges*** : personnes qui abandonnent le parti qu'elles avaient pris.
3. ***Commisération*** : pitié.
4. ***Passer*** : mourir.
5. ***Insensiblement*** : progressivement.

La Carlière fut obligée de remettre à une mercenaire [1] la nourriture de son enfant. L'accident qu'elle redoutait d'un changement de lait arriva : de jour en jour l'enfant dépérit et mourut. Ce fut alors qu'on dit : "Savez-vous ? Cette pauvre Mme de La Carlière a perdu son enfant… Elle doit en être inconsolable… Qu'appelez-vous inconsolable ? C'est un chagrin qui ne se conçoit pas [2]. Je l'ai vue, cela fait pitié ! On n'y tient pas… Et Desroches ?… Ne me parlez pas des hommes, ce sont des tigres. Si cette femme lui était un peu chère, est-ce qu'il serait à sa campagne ? Est-ce qu'il n'aurait pas accouru ? Est-ce qu'il ne l'obséderait pas [3] dans les rues, dans les églises, à sa porte ? C'est qu'on se fait ouvrir une porte quand on le veut bien ; c'est qu'on y reste, qu'on y couche, qu'on y meurt…" C'est que Desroches n'avait omis aucune de ces choses et qu'on l'ignorait ; car le point important n'est pas de savoir, mais de parler. On parlait donc : "L'enfant est mort ; qui sait si ce n'aurait pas été un monstre comme son père ?… La mère se meurt… Et le mari, que fait-il pendant ce temps-là ?… Belle question ! Le jour il court la forêt à la suite de ses chiens, et il passe la nuit à crapuler [4] avec des espèces [5] comme lui."

---

1. ***Mercenaire*** : nourrice appointée. Dans *Émile ou De l'éducation*, Rousseau fustige les nourrices en ces termes : « Depuis que les mères méprisant leur premier devoir n'ont plus voulu nourrir leurs enfants, il a fallu les confier à des femmes mercenaires qui, se trouvant ainsi mères d'enfants étrangers pour qui la nature ne leur disait rien, n'ont cherché qu'à s'épargner de la peine » (Jean-Jacques Rousseau, *Émile ou De l'éducation*, 1762).
2. ***Qui ne se conçoit pas*** : qu'on ne peut imaginer.
3. ***Est-ce qu'il ne l'obséderait pas ?*** : est-ce qu'il ne la poursuivrait pas ? ; d'« obséder », « être assidûment autour de quelqu'un pour empêcher que d'autres n'en approchent, et pour se rendre maître de son esprit » (*Dictionnaire de l'Académie*, 1762).
4. « Quand on dit qu'un homme vit dans la crapule, on attache à ce mot l'idée d'un homme entraîné par l'habitude qu'il a contractée de boire et de manger avec excès, et de se livrer de même aux plaisirs de l'amour, sans choix dans les objets, sans modération dans la jouissance » (*Dictionnaire de Trévoux*, 1771).
5. ***Espèces*** : personnes singulières.

– Fort bien.

– Autre événement. Desroches avait obtenu les honneurs de son état [1]. Lorsqu'il épousa, Mme de La Carlière avait exigé qu'il quittât le service et qu'il cédât son régiment à son frère cadet [2].

– Est-ce que Desroches avait un cadet ?

– Non, mais bien Mme de La Carlière.

– Eh bien ?

– Eh bien, le jeune homme est tué à la première bataille, et voilà qu'on s'écrie de tous côtés : "Le malheur est entré dans cette maison avec ce Desroches..." À les entendre, on eût cru que le coup dont le jeune officier avait été tué était parti de la main de Desroches. C'était un déchaînement, un déraisonnement aussi général qu'inconcevable. À mesure que les peines de Mlle de La Carlière se succédaient, le caractère de Desroches se noircissait, sa trahison s'exagérait [3], et sans en être ni plus ni moins coupable, il en devenait de jour en jour plus odieux. Vous croyez que c'est tout ? Non, non. La mère de Mme de La Carlière avait ses soixante et seize ans passés. Je conçois que la mort de son petit-fils et le spectacle assidu de la douleur de sa fille suffisaient pour abréger ses jours ; mais elle était décrépite [4], mais elle était infirme ; n'importe : on oublia sa vieillesse et ses infirmités, et Desroches fut encore responsable de sa mort. Pour le coup on trancha le mot [5], ce fut un misérable dont Mme de La Carlière ne pouvait se rapprocher sans fouler aux pieds toute pudeur ; le meurtrier de sa mère, de son frère, de son fils !

– Mais d'après cette belle logique si Mme de La Carlière fût morte, surtout après une maladie longue et douloureuse qui eût permis à l'injustice et à la haine publique de faire tous leurs pro-

---

1. ***Les honneurs de son état*** : ce qu'il méritait.

2. Les régiments militaires, comme les emplois parlementaires, pouvaient se vendre et s'acheter.

3. ***S'exagérait*** : était exagérée.

4. ***Décrépite*** : vieille.

5. ***On trancha le mot*** : on décida sans chercher à analyser.

grès, ils auraient dû le regarder comme l'exécrable assassin de toute une famille.

– C'est ce qui arriva et ce qu'ils firent.

– Bon !

– Si vous ne m'en croyez pas, adressez-vous à quelques-uns de ceux qui sont ici, et vous verrez comment ils s'en expliqueront. S'il est resté seul dans le salon [1], c'est qu'au moment où il s'est présenté chacun lui a tourné le dos.

– Pourquoi donc ? On sait qu'un homme est un coquin, mais cela n'empêche pas qu'on ne l'accueille.

– L'affaire est un peu récente, et tous ces gens-là sont les parents ou les amis de la défunte. Mme de La Carlière mourut la seconde fête de la Pentecôte dernière, et savez-vous où ? À Saint-Eustache, à la messe de la paroisse, au milieu d'un peuple nombreux.

– Mais quelle folie ! On meurt dans son lit. Qui est-ce qui s'est jamais avisé [2] de mourir à l'église ? Cette femme avait projeté d'être bizarre [3] jusqu'au bout.

– Oui, bizarre, c'est le mot. Elle se trouvait un peu mieux ; elle s'était confessée la veille ; elle se croyait assez de force pour aller recevoir le sacrement à l'église, au lieu de l'appeler chez elle. On la porte dans une chaise. Elle entend l'office sans se plaindre et sans paraître souffrir. Le moment de la communion arrive ; ses femmes lui donnent le bras et la conduisent à la sainte table [4] ; le prêtre la communie, elle s'incline comme pour se recueillir et elle expire. Elle expire !

– Oui, elle expire bizarrement, comme vous l'avez dit.

---

1. Allusion au salon que les deux personnages sont supposés avoir quitté pour bavarder. Pour rompre avec les conventions romanesques qui exigent d'ancrer l'énonciation dans un cadre spatio-temporel, Diderot n'a pas précisé où et quand avait lieu le dialogue…

2. ***Qui est-ce qui s'est jamais avisé*** : qui a jamais eu l'idée.

3. ***Bizarre*** : ici, extravagante, fantasque.

4. ***La sainte table*** : l'autel.

– Et Dieu sait le tumulte ! ...

– Laissons cela, on le conçoit de reste [1], et venons à la suite.

– C'est que cette femme en devint cent fois plus intéressante [2] et son mari cent fois plus abominable.

– Cela va sans dire.

– Et ce n'est pas tout ?

– Non. Le hasard voulut que Desroches se trouvât sur le passage de Mme de La Carlière lorsqu'on la transférait morte de l'église dans sa maison.

– Tout semble conspirer contre ce pauvre diable.

– Il approche, il reconnaît sa femme, il pousse des cris. On demande qui est cet homme. Du milieu de la foule il s'élève une voix indiscrète (c'était celle d'un prêtre de la paroisse) qui dit : "C'est l'assassin de cette femme..." Desroches ajoute, en se tordant les bras, en s'arrachant les cheveux : "Oui, oui, je le suis..." À l'instant on s'attroupe autour de lui, on le charge d'imprécations [3], on ramasse des pierres, et c'était un homme assommé sur la place [4], si quelques honnêtes gens ne l'avaient sauvé de la fureur de la populace irritée.

– Et quelle avait été sa conduite pendant la maladie de sa femme ?

– Aussi bonne qu'elle pouvait l'être. Trompé, comme nous tous, par Mme de La Carlière qui dérobait aux autres et qui peut-être se dissimulait à elle-même sa fin prochaine...

– J'entends, il n'en fut pas moins un barbare, un inhumain.

– Une bête féroce qui avait enfoncé peu à peu un poignard dans le sein d'une femme divine, son épouse et sa bienfaitrice, et qu'il avait laissé périr, sans se montrer, sans donner le moindre signe d'intérêt et de sensibilité.

---

1. ***On le conçoit de reste*** : on l'imagine facilement du reste.
2. ***Intéressante*** : digne d'intérêt.
3. ***On le charge d'imprécations*** : on le maudit.
4. ***C'était un homme assommé sur la place*** : il aurait été assommé sur la place.

– Et cela pour n'avoir pas su ce qu'on lui cachait.

– Et ce qui était ignoré de ceux-mêmes qui vivaient autour d'elle.

– Et qui étaient à portée de la voir tous les jours.

– Précisément, et voilà ce que c'est que le jugement public de nos actions particulières [1]. Voilà comme une faute légère…

– Ô très légère.

– S'aggrave à leurs yeux par une suite d'événements qu'il était de toute impossibilité de prévoir et d'empêcher.

– Même par des circonstances tout à fait étrangères à la première origine, telles que la mort du frère de Mme de La Carlière par la cession du régiment de Desroches.

– C'est qu'ils sont en bien comme en mal alternativement panégyristes [2] ridicules ou censeurs [3] absurdes ; l'événement est toujours la mesure de leur éloge ou de leur blâme. Mon ami, écoutez-les, s'ils ne vous ennuient pas, mais ne les croyez point et ne les répétez jamais, sous peine d'appuyer une impertinence de la vôtre. À quoi pensez-vous donc ? Vous rêvez.

– Je change la thèse, en supposant un procédé plus ordinaire [4] à Mme de La Carlière. Elle trouve les lettres ; elle boude. Au bout de quelques jours l'humeur amène une explication et l'oreiller un raccommodement, comme c'est l'usage. Malgré les excuses, les protestations et les serments renouvelés, le caractère léger de Desroches le rentraîne dans une seconde erreur ; autre bouderie, autre explication, autre raccommodement, autres serments, autres parjures [5], et ainsi de suite pendant une trentaine d'années, comme c'est l'usage. Cependant Desroches est un galant homme

---

1. C'est de cette formule qu'il faut rapprocher le sous-titre de *Madame de La Carlière* – « Sur l'inconséquence de nos jugements publics » – figurant dans l'édition de Jacques-André Naigeon des *Œuvres complètes* de Diderot.

2. ***Panégyristes*** : ceux qui font des éloges.

3. ***Censeurs*** : ceux qui condamnent.

4. ***Plus ordinaire*** : moins fantasque.

5. ***Parjures*** : faux serments ou serments violés.

qui s'occupe à réparer par des égards multipliés, par une complaisance sans bornes [1] une assez petite injure.

– Comme il n'est pas toujours d'usage.

– Point de séparation, point d'éclat ; ils vivent ensemble comme nous vivons tous ; et la belle-mère, et la mère, et le frère et l'enfant seraient morts qu'on n'en aurait pas sonné le mot. Ou qu'on n'en aurait parlé que pour plaindre un infortuné poursuivi par le sort et accablé de malheurs.

– Il est vrai.

– D'où je conclus que vous n'êtes pas loin d'accorder à cette vilaine bête, à cent mille mauvaises têtes et à autant de mauvaises langues tout le mépris qu'elles méritent. Mais tôt ou tard le sens commun [2] lui [3] revient, et le discours de l'avenir rectifie le bavardage du présent.

– Ainsi vous croyez qu'il y aura un moment où la chose sera vue telle qu'elle est, Mme de La Carlière accusée et Desroches absous [4] ?

– Je ne pense pas même que ce moment soit éloigné. Premièrement, parce que les absents ont tort et qu'il n'y a pas d'absent plus absent qu'un mort. Secondement, c'est qu'on parle, on dispute [5], les aventures les plus usées reparaissent en conversation et sont pesées avec moins de partialité [6]. C'est qu'on verra peut-être encore dix ans ce pauvre Desroches, comme vous l'avez vu, traînant de maison en maison sa malheureuse existence ; qu'on se rapprochera de lui, qu'on l'interrogera, qu'on l'écoutera, qu'il n'aura plus aucune raison de se taire, qu'on saura le fonds de son histoire, qu'on réduira sa première sottise à rien.

---

1. ***Une complaisance sans bornes*** : une attention sans limites.

2. ***Le sens commun*** : le bon sens.

3. « Lui » désigne « cette vilaine bête », c'est-à-dire le public.

4. ***Absous*** : pardonné.

5. ***On dispute*** : on échange, on débat.

6. ***Sont pesées avec moins de partialité*** : sont jugées avec moins de sévérité.

– À ce qu'elle vaut.

– Et que nous sommes assez jeunes tous deux pour entendre traiter la belle, la grande, la vertueuse, la digne Mme de La Carlière d'inflexible [1] et hautaine bégueule [2]; car ils se poussent tous les uns les autres, et comme ils n'ont point de règles dans leurs jugements, ils n'ont pas plus de mesure dans leur expression.

– Mais si vous aviez une fille à marier, la donneriez-vous à Desroches ?

– Sans délibérer [3]; parce que le hasard l'avait engagé dans un de ces pas glissants dont ni vous, ni moi, ni personne ne peut se promettre de se tirer; parce que l'amitié, l'honnêteté, la bienfaisance, toutes les circonstances possibles avaient préparé sa faute et son excuse; parce que la conduite qu'il a tenue depuis sa séparation volontaire d'avec sa femme a été irrépréhensible, et que, sans approuver les maris infidèles, je ne prise pas autrement les femmes qui mettent tant d'importance à cette rare qualité. Et puis j'ai mes idées, peut-être justes, à coup sûr bizarres, sur certaines actions que je regarde moins comme des vices de l'homme que comme des conséquences de nos législations absurdes [4], sources de mœurs aussi absurdes qu'elles et d'une dépravation que j'appellerais volontiers artificielle. Cela n'est pas trop clair, mais cela s'éclaircira peut-être une autre fois. Et regagnons notre gîte; j'entends d'ici les cris enroués de deux ou trois de nos vieilles brelandières [5] qui vous appellent, sans compter que voilà le jour qui tombe et la nuit qui s'avance avec ce nombreux cortège d'étoiles que je vous avais promis.

– Il est vrai. »

---

1. ***Inflexible*** : qu'on ne peut fléchir.
2. ***Bégueule*** : « terme injurieux, qui se dit d'une femme sotte, ridicule, impertinente » (*Dictionnaire de l'Académie*, 1762).
3. ***Sans délibérer*** : sans hésiter.
4. Cette proposition annonce la morale du *Supplément au Voyage de Bougainville ou Dialogue entre A et B sur l'inconvénient d'attacher des idées morales à des actions physiques qui n'en comportent pas*; voir p. 156-157.
5. ***Brelandières*** : joueuses de brelan. L'emploi de ce terme est ici ironique.

DOSSIER

- Le siècle des Lumières
- Trois contes des Lumières
- Poétique du conte au siècle des Lumières : quelques définitions du genre
- Prolongements

Le siècle des Lumières

Testez vos connaissances

Pour répondre aux questions qui suivent, appuyez-vous sur la présentation (p. 9-23) et sur la chronologie de l'édition (p. 26-41).

1. Quelles sont les principales caractéristiques du siècle des Lumières ? Où puise-t-il ses sources ?
2. Qui sont les principaux artisans du renouvellement des idées, des sciences et des arts qui s'opère au siècle des Lumières ?
3. Quelles sont les critiques qui touchent les domaines religieux, politique, social et juridique ?
4. Quels genres se révèlent particulièrement efficaces pour assurer la diffusion des idées ? Donnez des exemples précis.

Pistes de recherches

Par groupes, effectuez des recherches sur les combats des philosophes et le renouvellement des idées au siècle des Lumières.
Intéressez-vous aux cibles des philosophes. Quelles sont-elles ? Comment les philosophes les ont-ils combattues ? Quelles ont été leurs « armes » de prédilection ? En quoi le renouvellement des idées s'est-il accompagné d'un renouvellement des sciences ?
Vous présenterez le résultat de vos recherches sous la forme d'exposés oraux.

Texte d'accompagnement

Dans son article « Philosophe », César Dumarsais (1676-1756) compare le philosophe aux hommes qui l'entourent pour mettre en évidence les qualités du premier, en caractériser la méthode et définir l'esprit qui l'anime. Composé vers 1720, ce texte a d'abord paru dans un recueil d'écrits clandestins, *Nouvelles Libertés de penser*, en 1743, avant d'être inséré sous une forme abrégée dans le septième tome de l'*Encyclopédie* en 1757.

[...] Les autres hommes sont déterminés à agir sans sentir, ni connaître les causes qui les font mouvoir, sans même songer qu'il y en ait. Le *philosophe* au contraire démêle les causes [1] autant qu'il est en lui, et souvent même les prévient, et se livre à elles avec connaissance : c'est une horloge qui se monte, pour ainsi dire, quelquefois elle-même. Ainsi il évite les objets qui peuvent lui causer des sentiments qui ne conviennent ni au bien-être, ni à l'être raisonnable, et cherche ceux qui peuvent exciter en lui des affections [2] convenables à l'état où il se trouve. La raison est à l'égard du *philosophe,* ce que la grâce [3] est à l'égard du chrétien. La grâce détermine le chrétien à agir; la raison détermine le *philosophe.*

Les autres hommes sont emportés par leurs passions [4], sans que les actions qu'ils font soient précédées de la réflexion : ce sont des hommes qui marchent dans les ténèbres; au lieu que le *philosophe* dans ses passions mêmes, n'agit qu'après la réflexion; il marche la nuit, mais il est précédé d'un flambeau.

Le *philosophe* forme ses principes sur une infinité d'observations particulières. Le peuple adopte le principe sans penser aux observations qui l'ont produit : il croit que la maxime existe pour ainsi dire par elle-même; mais le *philosophe* prend la maxime dès sa source; il

---

1. ***Démêle les causes*** : examine les raisons.
2. ***Affections*** : émotions, sentiments.
3. ***Grâce*** : don que Dieu accorde aux créatures pour les conduire au salut.
4. ***Passions*** : au sens classique, désigne ce que le sujet éprouve, par opposition à action, qui caractérise ce qu'il fait éprouver à d'autres.

en examine l'origine ; il en connaît la propre valeur, et n'en fait que l'usage qui lui convient.

La vérité n'est pas pour le *philosophe* une maîtresse qui corrompe son imagination, et qu'il croie trouver partout ; il se contente de la pouvoir démêler où il peut l'apercevoir. Il ne la confond point avec la vraisemblance ; il prend pour vrai ce qui est vrai, pour faux ce qui est faux, pour douteux ce qui est douteux, et pour vraisemblable ce qui n'est que vraisemblable. Il fait plus, et c'est ici une grande perfection du *philosophe*, c'est que lorsqu'il n'a point de motif propre pour juger, il sait demeurer indéterminé [1].

Le monde est plein de personnes d'esprit et de beaucoup d'esprit, qui jugent toujours ; toujours ils devinent, car c'est deviner que de juger sans sentir quand on a le motif propre du jugement. Ils ignorent la portée de l'esprit humain ; ils croient qu'il peut tout connaître : ainsi ils trouvent de la honte à ne point prononcer de jugement, et s'imaginent que l'esprit consiste à juger. Le *philosophe* croit qu'il consiste à bien juger : il est plus content de lui-même quand il a suspendu la faculté de se déterminer que s'il s'était déterminé avant d'avoir senti le motif propre à la décision. Ainsi il juge et parle moins, mais il juge plus sûrement et parle mieux ; il n'évite point les traits vifs qui se présentent naturellement à l'esprit par un prompt assemblage d'idées qu'on est souvent étonné de voir unies. C'est dans cette prompte liaison que consiste ce que communément on appelle *esprit* ; mais aussi c'est ce qu'il recherche le moins, et il préfère à ce brillant [2] le soin de bien distinguer ses idées, d'en connaître la juste étendue et la liaison précise, et d'éviter de prendre le change en portant trop loin quelque rapport particulier que les idées ont entre elles. C'est dans ce discernement que consiste ce qu'on appelle *jugement* et *justesse d'esprit* : à cette justesse se joignent encore la *souplesse* et la *netteté* [3]. Le *philosophe* n'est pas tellement attaché à un système, qu'il ne sente toute la force des objections. La plupart des hommes sont si fort livrés à leurs opinions, qu'ils ne prennent pas seulement

---

1. ***Il sait demeurer indéterminé*** : il sait ne pas se prononcer.
2. ***Brillant*** : éclat.
3. ***Netteté*** : clarté.

la peine de pénétrer[1] celles des autres. Le *philosophe* comprend le sentiment qu'il rejette, avec la même étendue et la même netteté qu'il entend celui qu'il adopte.

L'esprit philosophique est donc un esprit d'observation et de justesse, qui rapporte tout à ses véritables principes ; mais ce n'est pas l'esprit seul que le *philosophe* cultive, il porte plus loin son attention et ses soins [...].

Dumarsais, article « Philosophe », in *Encyclopédie*, 1757, t. VII.

Selon l'article de Dumarsais, quelles sont les qualités du philosophe ? Qu'est-ce qui le différencie des autres hommes ? Qu'est-ce qui caractérise l'esprit philosophique ? À quels procédés l'auteur recourt-il pour exprimer ses idées avec force et conviction ? En quoi cet article traduit-il l'esprit des Lumières ?

À vos plumes !

En vous aidant de la présentation de cette édition (p. 9-23) et de l'extrait de l'article « Philosophe » de Dumarsais reproduit ci-dessus, brossez, en une trentaine de lignes, le portrait du philosophe des Lumières. Votre production pourra revêtir la forme d'un article, d'un échange dialogué ou d'un apologue.

1. ***De pénétrer*** : de chercher à comprendre.

Trois contes des Lumières

Microlecture n° 1 :
Histoire des voyages de Scarmentado

Relisez l'*Histoire des voyages de Scarmentado*, de « Je naquis dans la ville de Candie en 1600 » à « quand le cardinal-neveu aurait un peu de loisir », p. 47-52, et répondez aux questions suivantes. (Justifiez chaque fois votre propos par une citation précise du texte.)

1. Le rapport entre l'histoire et le protagoniste

1. Comment Voltaire établit-il un lien entre les démêlés qu'il rencontre avec ses contemporains et l'histoire de Scarmentado ? Comment règle-t-il ses comptes ? Pourquoi le conte se prête-il bien à ce genre d'attaques ?

2. Pour quelles raisons Voltaire fait-il naître Scarmentado dans la ville de Candie ?

3. Pourquoi Voltaire s'attarde-t-il sur les généalogies attribuées à Scarmentado par le poète Iro ?

2. Rome, la France et l'Angleterre

1. Dans quel but Scarmentado est-il envoyé en voyage par son père ? Quelle tradition aristocratique évoque ici le texte ? À quel type de récit relie-t-elle l'*Histoire des voyages de Scarmentado* ?

2. À quels événements historiques se réfère Voltaire lorsqu'il évoque les séjours de Scarmentado à Rome, en France et en Angleterre ?

3. Quelles libertés Voltaire s'accorde-t-il par rapport à l'histoire ? Pour quelles raisons ?

3. L'exercice de la satire

1. Dans ce passage, quelles sont les cibles de la satire voltairienne ?

2. Par quels procédés s'exprime-t-elle ?

3. Quels enseignements le narrateur tire-t-il de ces premières expériences ? Quels sont ceux que tire le lecteur ?

Microlecture n° 2 : *Histoire des voyages de Scarmentado*

Relisez l'*Histoire des voyages de Scarmentado*, de « Je poussai jusqu'à la Chine » à « l'état le plus doux de la vie », p. 57-61, et répondez aux questions suivantes. (Citez le texte pour justifier votre propos.)

1. Scarmentado en Asie

1. Pour quelle raison Scarmentado se rend-il en Chine ? De quelles querelles est-il le témoin ? De quoi l'accuse-t-on ?

2. Quelles sont ici les cibles de la satire voltairienne ? Par quels procédés s'exprime-t-elle ? Quel bilan Scarmentado dresse-t-il avant de repartir en Europe ?

3. Où Scarmentado échoue-t-il ensuite ? Quels éléments permettent de rapprocher cet épisode de l'épisode chinois ? Intéressez-vous notamment aux cibles de la satire voltairienne et à ses procédés.

2. Scarmentado en Afrique

1. Pour quelle raison Scarmentado se rend-il en Afrique ?

2. Que lui advient-il ? Que dénonce Voltaire dans cette séquence ? Sur quel procédé repose l'efficacité de sa démonstration ?

3. Morale du conte

1. En quoi ce conte constitue-t-il un roman d'initiation en raccourci ?

2. Quel est l'effet produit par la répétition des différentes péripéties auxquelles se trouve confronté le narrateur dans ses voyages ?

3. Comment qualifieriez-vous la morale du conte ? Est-elle optimiste ?

Microlecture n° 3 : *Ziméo*

Relisez *Ziméo*, de « Les affaires de mon commerce m'avaient conduit à la Jamaïque » à « on distribua des soldats dans les habitations qu'on pouvait défendre », p. 65-67, et répondez aux questions suivantes. (Justifiez chaque fois votre propos par une citation précise du texte.)

1. Un cadre idyllique

1. Qui est le narrateur ? Comment se présente-t-il ?

2. Où l'ouverture du conte situe-t-elle l'intrigue ?

3. En quoi le cadre de l'histoire paraît-il idyllique ?

2. À la découverte de l'île

1. De quoi le narrateur est-il le témoin lorsqu'il parcourt l'île ? D'où naît sa surprise ?

2. Comment les esclaves sont-ils traités chez son ami Paul Wilmouth ? Quelle vie mènent-ils dans la plantation ?

3. Comment le narrateur accentue-t-il le contraste observé entre les deux types de traitement ?

4. Quel regard le narrateur porte-t-il sur la vie des esclaves dans la plantation de Paul Wilmouth ?

3. Un climat insurrectionnel

1. Quel événement trouble brutalement l'harmonie dans laquelle évolue le narrateur ?

2. Par quels procédés passe-t-on d'un cadre idyllique à un climat insurrectionnel ?

Microlecture n° 4 : *Ziméo*

Relisez *Ziméo*, de « Dès que notre sort fut décidé » à « du grand sens et de l'amitié de Ziméo, de Matomba et d'Ellaroé », p. 83-86, et répondez aux questions suivantes. (Justifiez chaque fois votre propos par une citation précise du texte.)

1. Une scène pathétique

1. Qu'est-ce qui a motivé le « désir de vengeance » et la « soif de sang » de Ziméo ?

2. En quoi la scène de séparation décrite par Ziméo est-elle pathétique ? À quels procédés recourt le narrateur ?

2. Un héros noir : Ziméo

1. Comment Ziméo est-il traité ? En quoi l'expérience de Ziméo permet-elle à Saint-Lambert de suggérer le mauvais traitement réservé à tous les esclaves entassés dans les négriers ?

2. Quel procédé traduit avec une remarquable efficacité toute l'abomination des traitements infligés aux esclaves par les négociants ?

3. Qu'est-ce qui redonne espoir à Ziméo ? Quels sentiments contradictoires l'habitent tandis qu'il parle ?

3. Des retrouvailles providentielles

1. Pourquoi peut-on parler de scène de reconnaissance au sujet des retrouvailles de Ziméo avec Matomba et Ellaroé ?

2. Par quoi le narrateur est-il surpris ?

3. En quoi la morale du conte est-elle ambiguë ?

Microlecture n° 5 : *Ziméo*

Relisez *Ziméo*, de « J'ajouterai à ce récit quelques réflexions sur les Nègres » à « vous saurez que votre argent ne peut vous donner le droit de tenir un seul homme dans l'esclavage », p. 86-91, et répondez aux questions suivantes. (Justifiez chaque fois votre propos par une citation précise du texte.)

1. Des torts et des injustices des Européens

1. Quel jugement général le narrateur porte-t-il sur les Européens ? Qu'est-ce qui l'a confirmé dans ce jugement ?

2. Selon le narrateur, quelles sont les principales injustices dont se sont rendus coupables les Européens à l'égard des Africains ?

3. Selon lui, pour quelles raisons les Européens continuent-ils à voir dans les Africains des êtres qui leur sont inférieurs ?

2. Parallèle entre les Européens et les Africains

1. Selon le narrateur, quelles circonstances ont « décidé de la supériorité des Blancs sur les Nègres » ?

2. Quelle théorie, développée notamment par Montesquieu, reprend le narrateur ? À quelles fins ?

3. Quel regard le narrateur porte-t-il sur l'Europe médiévale ? Quel parallèle cette évocation lui permet-elle de développer ? À quelles fins ?

3. Des Européens, des Nègres et de l'esclavage...

1. Qu'appelle de ses vœux le narrateur ? À quel procédé stylistique recourt-il pour exprimer ses souhaits ?

2. À qui le narrateur s'adresse-t-il à la fin de ses « Réflexions sur les Nègres » ? Quel procédé emploie-t-il ? Pourquoi ce procédé est-il particulièrement efficace sur le plan rhétorique ?

3. Sur quel type de discours s'achèvent les « Réflexions sur les Nègres » ?

Microlecture n° 6 : *Madame de La Carlière*

Relisez *Madame de La Carlière*, de « Rentrons-nous ? » à « Écoutez, morbleu ! et mourez de honte », p. 95-98, et répondez aux questions suivantes. (Justifiez chaque fois votre propos par une citation précise du texte.)

1. Une métaphore atmosphérique

1. Quels sont les personnages en présence ? Dans quel cadre spatio-temporel évoluent-ils ? En quoi cet *incipit* est-il curieux ?

2. Quelle forme le début de ce conte revêt-il ? Dans quel genre semble-t-il inscrire le conte ? Quel est l'effet produit ?

3. Sur quoi porte le début du conte ? Quelle est sa fonction ?

2. Le chevalier Desroches

1. Comment la conversation glisse-t-elle de l'évocation des conditions atmosphériques au chevalier Desroches ? Selon vous, quel est le lien entre les deux ?

2. Qu'apprend-on sur Desroches ? Par quels termes est-il désigné ?

3. Quels regards portent sur lui les deux interlocuteurs ? Comparez leurs jugements. Que remarquez-vous ?

3. Les jugements des hommes

1. Selon l'un des deux interlocuteurs, qu'est-ce qui a précipité la perte du chevalier ? Quels exemples donne-t-il ?

2. Relevez les termes et expressions qui se rapportent aux jugements des hommes ? Pourquoi ces jugements peuvent-ils être pernicieux ?

Microlecture n° 7 : *Madame de La Carlière*

Relisez *Madame de La Carlière*, de « Tandis qu'on s'amusait ainsi pour et contre » à « ce nombreux cortège d'étoiles que je vous avais promis. – Il est vrai », p. 121-128, et répondez aux questions suivantes. (Justifiez chaque fois votre propos par une citation précise du texte.)

1. Malheurs et actions particulières

1. Quels malheurs frappent successivement Mme de La Carlière ?

2. Analysez les jugements portés sur les actions du chevalier Desroches.

2. Du jugement public des actions particulières

1. Comment l'épisode de la mort de Mme de La Carlière est-il rapporté ? Quels commentaires cette mort inspire-t-elle à la foule ? Et aux deux interlocuteurs ?

2. Comment l'attitude du chevalier Desroches est-elle jugée à l'occasion de la mort de Mme de La Carlière ?

3. En quoi les proches de Mme de La Carlière sont-ils coupables selon les deux interlocuteurs ? Quelle leçon l'un d'eux tire-t-il de cette histoire et de son issue tragique ?

3. Morale du conte

1. Quel regard les deux interlocuteurs portent-ils sur les jugements publics et sur ceux qui les formulent ?

2. Quelle hypothèse émet l'un des deux interlocuteurs ? Que cherche-t-il à montrer ? Retrouvez le cheminement de son argumentation.

3. Suivant le même interlocuteur, en quoi certaines actions peuvent-elles être moins regardées « comme des vices de l'homme que comme des conséquences de nos législations absurdes » ?

Pistes de recherches

Par groupes, effectuez des recherches sur les représentations et perceptions par les Européens de la France, de l'Europe et du monde au siècle des Lumières. Intéressez-vous à la manière dont sont caractérisées des populations aussi différentes que les Chinois, les Américains et les Africains. Analysez la figure du Bon Sauvage. D'où vient-il ? Comment est-il devenu un mythe ? Quel rôle ont joué les relations de voyage dans l'évolution de la pensée anthropologique et dans la formation de l'esprit critique ? Vous présenterez le résultat de vos recherches sous la forme d'exposés oraux.

Texte d'accompagnement

Parmi les contes que Saint-Lambert a publiés avant *Ziméo* figure ce bref récit intitulé *L'Abenaki, conte*. Ce texte évoque la libération sans aucune exigence ni contrepartie d'un Anglais capturé par la tribu abenaki lors de la guerre de Sept Ans. Pendant qu'il a été retenu prisonnier, il a appris la langue, les mœurs et les coutumes de la tribu.
Ce conte s'inscrit dans la tradition littéraire construite autour du Bon Sauvage, inaugurée par le baron de Lahontan avec le personnage d'Adario. Sa forme et son message traduisent l'esprit du siècle des Lumières.

L'Abenaki, conte

Pendant les dernières guerres d'Amérique, une troupe de sauvages abenakis défit[1] un détachement anglais ; les vaincus ne purent échapper à des ennemis plus légers qu'eux à la course, et acharnés à les poursuivre ; ils furent traités avec une barbarie dont il y a peu d'exemples, même dans ces contrées.

Un jeune officier anglais, pressé par deux sauvages qui l'abordaient la hache levée, n'espérait plus se dérober à la mort. Il songeait

1. ***Défit*** : renversa, battit.

seulement à vendre chèrement sa vie. Dans le même temps, un vieux sauvage, armé d'un arc, s'approche de lui, et se dispose à le percer d'une flèche ; mais, après l'avoir ajusté [1], tout d'un coup il abaisse son arc, et court se jeter entre le jeune officier et les deux barbares [2] qui allaient le massacrer ; ceux-ci se retirèrent avec respect.

Le vieillard prit l'Anglais par la main, le rassura par ses caresses, et le conduisit à sa cabane, où il le traita toujours avec une douceur qui ne se démentit jamais ; il en fit moins son esclave que son compagnon ; il lui apprit la langue des Abenakis et les arts grossiers en usage chez ces peuples. Ils vivaient fort contents l'un de l'autre. Une seule chose donnait de l'inquiétude au jeune Anglais ; quelquefois le vieillard fixait les yeux sur lui, et après l'avoir regardé, il laissait tomber des larmes.

Cependant, au retour du printemps, les sauvages reprirent les armes, et se mirent en campagne.

Le vieillard, qui était encore assez robuste pour supporter les fatigues de la guerre, partit avec eux accompagné de son prisonnier.

Les Abenakis firent une marche de plus de deux cents lieues [3] à travers les forêts ; enfin ils arrivèrent à une plaine où ils découvrirent un camp d'Anglais. Le vieux sauvage le fit voir au jeune homme en observant sa contenance.

« Voilà tes frères, lui dit-il, les voilà qui nous attendent pour nous combattre. Écoute, je t'ai sauvé la vie ; je t'ai appris à faire un canot, un arc, des flèches, à surprendre l'orignal [4] dans la forêt, à manier la hache et à enlever la chevelure à l'ennemi. Qu'étais-tu, lorsque je t'ai conduit dans ma cabane ? Tes mains étaient celles d'un enfant ; elles ne servaient ni à te nourrir ni à te défendre ; ton âme était dans la nuit, tu ne savais rien, tu me dois tout. Serais-tu assez ingrat pour te réunir à tes frères et pour lever la hache contre nous ? »

L'Anglais protesta qu'il aimerait mieux perdre mille fois la vie que de verser le sang d'un Abenaki.

---

1. ***Après l'avoir ajusté*** : après l'avoir visé.
2. ***Barbares*** : ici, qui ne sont pas civilisés, sauvages.
3. ***Deux cents lieues*** : environ huit cents kilomètres (voir note 5, p. 58).
4. ***Orignal*** : élan.

Le sauvage mit les deux mains sur son visage, en baissant la tête, et, après avoir été quelque temps dans cette attitude, il regarda le jeune Anglais, et lui dit d'un ton mêlé de tendresse et de douceur : «As-tu un père ? – Il vivait encore, dit le jeune homme, lorsque j'ai quitté ma patrie. – Oh ! qu'il est malheureux ! » s'écria le sauvage ; et, après un moment de silence, il ajouta : «Sais-tu que j'ai été père !... Je ne le suis plus. J'ai vu mon fils tomber dans le combat, il était à mon côté, je l'ai vu mourir en homme ; il était couvert de blessures, mon fils, quand il est tombé. Mais je l'ai vengé... Oui, je l'ai vengé.» Il prononça ces mots avec force. Tout son corps tremblait. Il était presque étouffé par des gémissements qu'il ne voulait pas laisser échapper. Ses yeux étaient égarés [1], ses larmes ne coulaient pas. Il se calma peu à peu, et se tournant vers l'Orient, où le soleil allait se lever, il dit au jeune Anglais : «Vois-tu ce beau ciel resplendissant de lumière ? As-tu du plaisir à le regarder ? – Oui, dit l'Anglais, j'ai du plaisir à regarder ce beau ciel. – Eh bien !... je n'en ai plus», dit le sauvage, en versant un torrent de larmes. Un moment après, il montre au jeune homme un manglier [2] qui était en fleurs. «Vois-tu ce bel arbre ? lui dit-il. As-tu du plaisir à le regarder ? – Oui, j'ai du plaisir à le regarder. – Je n'en ai plus», dit le sauvage avec précipitation ; et il ajouta tout de suite : «Pars, va dans ton pays, afin que ton père ait encore du plaisir à voir le soleil qui se lève et les fleurs du printemps.»

Saint-Lambert, *L'Abenaki, conte*, 1765.

Quelle visée anthropologique poursuit Saint-Lambert à travers ce conte ? Quelle est son ambition critique ? Quel en est l'instrument ? En quoi *L'Abenaki* est-il emblématique de l'esprit et du projet des philosophes des Lumières ?

---

1. ***Égarés*** : hagards ; expression du regard de celui qui se sent perdu.
2. ***Manglier*** : voir note 1 p. 74.

À vos plumes !

En vous appuyant sur vos connaissances et sur *L'Abenaki* de Saint-Lambert, cité ci-dessus, écrivez à votre tour un conte qui aura pour cadre les Amériques, l'Afrique ou l'Asie et qui mettra aux prises des autochtones et des Européens. À la manière des philosophes des Lumières, vous formulerez une critique des comportements des Européens.

Poétique du conte au siècle des Lumières : quelques définitions du genre

Au XVIIIe siècle, le mot « conte » reçoit de nombreuses définitions dans les dictionnaires, dans les encyclopédies, mais également dans les préfaces de recueils de contes, voire dans les contes eux-mêmes. Beaucoup d'auteurs ont tenté d'en cerner les contours en comparant le conte à la fable et au roman. Voici quelques définitions qui soulignent la confusion entourant la notion.

Gabriel Girard, *La Justesse de la langue française*, 1718

Grammairien, secrétaire-interprète du roi pour le russe, l'abbé Gabriel Girard (1677-1748) est l'auteur de plusieurs ouvrages consacrés à la langue française, et plus particulièrement au lexique. L'un d'eux s'intéresse aux « mots qui passent pour synonymes » : *La Justesse de la langue française* (1718). Dans ce volume, il traite ensemble du conte, de la fable et du roman.

CONTE, FABLE, ROMAN. Un *conte* est une aventure feinte [1], narrée par un particulier. Une *fable* est une aventure fausse, divulguée [2] pour le public. Un *roman* est un composé et une suite de plusieurs aventures supposées [3]. Le mot de *conte* est plus propre [4] lorsqu'il n'est question que d'une aventure de la vie privée ; on dit : le *conte* de la *Matrone d'Éphèse* [5]. Le mot de *fable* convient mieux lorsqu'il s'agit d'un événement qui regarde la vie publique ; on dit la fable de la *Papesse Jeanne* [6]. Et le mot de *roman* est à sa place lorsque la description d'une vie illustre ou extraordinaire fait le sujet de la fiction ; on dit : le *roman* de Cléopâtre. Les contes doivent être bien narrés ; les fables, bien inventées ; et les romans, bien suivis. Les bons contes divertissent un honnête homme : il se plaît à les entendre. Les fables amusent le peuple : il en fait des articles de croyance. Les romans gâtent le goût [7] d'une jeune personne : elle en préfère le merveilleux outré [8] au naturel simple de la vérité. L'autorité de la personne qui parle fait quelquefois passer un conte pour un fait arrivé. L'antiquité de la tradition fait souvent croire une fable comme une vérité certaine. Les circonstances de la narration et la manière dont elle est faite font quelquefois prendre un roman pour une histoire.

Gabriel Girard, *La Justesse de la langue française*, 1718.

1. ***Feinte*** : déguisée.
2. ***Divulguée*** : racontée.
3. ***Supposées*** : établies.
4. ***Est plus propre*** : convient mieux.
5. La version la plus connue de *La Matrone d'Éphèse*, histoire inspirée entre autres par l'auteur latin Pétrone (?-66) et adaptée à de nombreuses reprises au début du XVIIIe siècle, est assurément celle offerte par Jean de La Fontaine (1621-1695).
6. ***La Papesse Jeanne*** : légende contant l'histoire d'une femme s'étant emparée de la papauté en dissimulant son identité sexuelle de 855 à 857.
7. ***Gâtent le goût*** : « On dit figurément que *la lecture des mauvais livres, la mauvaise compagnie gâtent les jeunes gens, leur gâtent l'esprit*, pour dire, qu'ils leur corrompent l'esprit, les mœurs » (*Dictionnaire de l'Académie*, 1762).
8. ***Outré*** : exagéré.

Selon Gabriel Girard, quelles sont les spécificités du conte ? Qu'est-ce qui le différencie de la fable et du roman ? Quelles doivent êtres ses principales qualités ?

Lenglet-Dufresnoy, *De l'usage de romans*, 1734

Dans *De l'usage des romans*, Nicolas Lenglet-Dufresnoy (1674-1755), qui entreprend de recenser les romans de l'Antiquité à son siècle, livre un bref historique du genre. À cette occasion, il revient sur les circonstances dans lesquelles le roman a perdu son aura au profit des nouvelles et des historiettes.

La mode des grands romans, qui avaient longtemps fait les délices de la cour, « ayant cessé avec celle des chapeaux pointus », dit un auteur[1], on se jeta sur les historiettes, les nouvelles et les romans historiques, ornés des agréments que la vérité peut souffrir ; et leur goût qui subsiste encore aujourd'hui s'accommode assez bien[2] de l'impatience française. Les aventures des grands romans, tant pour le fond que pour les épisodes, étaient si coupées et si embarrassées les unes avec les autres que l'attention se partageait trop [...]. On s'est rebuté de tant d'embarras, de soins et d'incertitudes inutiles dans une lecture qui doit instruire sans fatiguer. Les petits romans ont suppléé[3] ce désagrément ; si leur narration n'est pas tout à fait continue, elle n'est point assez coupée pour faire perdre de vue le fond principal, ni la mémoire des événements particuliers ; c'est le premier avantage des historiettes. On a encore celui de changer souvent l'objet de ses lectures, et je n'ai que faire de le répéter : on sait le goût que l'inconstance naturelle des hommes leur fait trouver dans cette diversité de matières différentes. Oh ! dans les choses d'agrément il ne faut pas

1. L'auteur que paraphrase ici Lenglet-Dufresnoy est Le Noble, dans sa « Préface » à *Ildegerte, reine de Norvège* (1694).
2. ***S'accommode assez bien*** : correspond assez.
3. ***Ont suppléé*** : ont pallié, ont comblé.

moins avoir égard aux faiblesses qu'aux perfections de l'humanité ; il ne faut donc plus regarder les historiettes comme des poèmes ou des romans réguliers ; cependant on ne peut se dispenser de les prendre au moins pour autant d'épisodes détachés que l'on présente à l'impatience d'un lecteur qui ne prétend pas étudier : il veut seulement s'amuser ou se délasser une heure ou deux ; et si l'on détachait ainsi tous les épisodes des grands romans, on ferait autant d'historiettes ou de nouvelles historiques dans le goût de celles qui sont maintenant en vogue. On peut donc les laisser jouir du nom de roman, puisque ce sont comme des parties qui en paraissent détachées et qui participent à l'agrément et à l'instruction qu'on tirait auparavant de ces grands poèmes.

Lenglet-Dufresnoy, *De l'usage des romans*, 1734.

Selon Lenglet-Dufresnoy, qu'est-ce qui a contribué au triomphe des nouvelles et historiettes au XVIIIe siècle ? Quelles sont leurs caractéristiques ? Quelles doivent être leurs fonctions ? En quoi les trois contes de ce recueil – *Histoire des voyages de Scarmentado, Ziméo* et *Madame de La Carlière* – vous paraissent-ils remplir ces fonctions ?

Diderot, article « Conte » de l'*Encyclopédie* (1751-1772)

Sur les cinquante mille articles que comptent les dix-sept volumes de l'*Encyclopédie*, Diderot en a rédigé plus de quatre mille, portant sur l'ensemble des domaines de la connaissance. Il a notamment proposé une définition du conte. Comme nombre de ses prédécesseurs, il a opposé à ce dernier la fable pour mieux distinguer les spécificités des deux genres.

CONTE : C'est un récit fabuleux en prose ou en vers, dont le mérite principal consiste dans la variété et la vérité des peintures, la finesse de la plaisanterie, la vivacité et la convenance du style, le contraste piquant[1] des événements. Il y a cette différence entre le *conte* et la *fable*, que la *fable* ne contient qu'un seul et unique fait, renfermé dans un certain espace déterminé, et achevé dans un seul temps, dont la fin est d'amener quelque axiome[2] de morale, et d'en rendre la vérité sensible[3]; au lieu qu'il n'y a dans le *conte* ni unité de temps, ni unité d'action, ni unité de lieu, et que son but est moins d'instruire que d'amuser. La fable est souvent un monologue ou une scène de comédie; le *conte* est une suite de comédies enchaînées les unes aux autres. La Fontaine excelle dans les deux genres, quoiqu'il ait quelques fables de trop, et quelques contes trop longs.

Diderot, article «Conte»,
in *Encyclopédie*, 1751-1772.

D'après cette définition, qu'est-ce qu'un conte pour Diderot ? En quoi cette définition correspond-elle au conte tel que le pratique Diderot avec *Madame de La Carlière* par exemple ?

Diderot, *Les Deux Amis de Bourbonne*, 1770

En 1769, Saint-Lambert publie *Les Deux Amis, conte iroquois*, dans lequel il évoque les liens sacrés de l'amitié. Il choisit pour cadre de sa fiction l'Amérique du Nord et comme personnages deux Iroquois.
En août 1770, lors d'un séjour à Langres et à Bourbonne, et peu après avoir lu ce conte qui l'a profondément agacé en raison de l'éloignement géographique que l'auteur a donné à son récit pour le rendre plus crédible, Diderot entreprend de rédiger, sur la même trame, un conte qu'il intitule *Les Deux Amis de Bourbonne*, et qu'il fait paraître dans la livraison de la seconde quinzaine de décembre de la *Correspondance littéraire*. À la fin de son texte figure cette définition du conte, pour le moins originale.

1. ***Piquant*** : saisissant.
2. ***Axiome*** : règle.
3. ***Sensible*** : évidente.

«Et puis il y a trois sortes de contes. “Il y en a bien davantage”, me direz-vous. À la bonne heure... Mais je distingue le conte à la manière d'Homère, de Virgile, du Tasse [1], et je l'appelle le conte merveilleux. La nature y est exagérée; la vérité y est hypothétique; et si le conteur a bien gardé le module qu'il a choisi, si tout répond à ce module et dans les actions, et dans les discours, il a obtenu le degré de perfection que le genre de son ouvrage comportait, et vous n'avez rien de plus à lui demander. En entrant dans son poème, vous mettez le pied dans une terre inconnue, où rien ne se passe comme dans celle que vous habitez, mais où tout se fait en grand comme les choses se font autour de vous en petit... Il y a le conte plaisant à la façon de La Fontaine, de Vergier, de l'Arioste, d'Hamilton [2], où le conteur ne se propose ni l'imitation de la nature, ni la vérité, ni l'illusion; il s'élance dans les espaces imaginaires. Dites à celui-ci : Soyez gai, ingénieux, varié, original, même extravagant, j'y consens; mais séduisez-moi par les détails; que le charme de la forme me dérobe toujours l'invraisemblance du fond; et si ce conteur fait ce que vous exigez ici, il a tout fait... Il y a enfin le conte historique, tel qu'il est écrit dans les *Nouvelles* de Scarron, de Cervantès, etc.

– Au diable le conte et le conteur historiques! c'est un menteur plat et froid.

– Oui, s'il ne sait pas son métier. Celui-ci se propose de vous tromper, il est assis au coin de votre âtre [3]; il a pour objet la vérité rigoureuse; il veut être cru; il veut intéresser, toucher, entraîner, émouvoir, faire frissonner la peau et couler les larmes; effets qu'on n'obtient point sans éloquence et sans poésie. Mais l'éloquence est une source de mensonge, et rien de plus contraire à l'illusion que la poésie; l'une et l'autre exagèrent, surtout, amplifient, inspirent la

1. ***Le Tasse*** : poète italien (1544-1595), auteur de *La Jérusalem délivrée.*
2. ***Vergier*** (1655-1720) : auteur réputé pour ses contes en vers et en prose. ***L'Arioste*** (1474-1533) : auteur d'un récit épique, le *Roland furieux*, suite du *Roland amoureux* de Boiardo (1441-1494). ***Antoine Hamilton*** (1646-1720) : conteur irlandais d'expression française.
3. ***De votre âtre*** : de votre foyer.

méfiance. Comment s'y prendra donc ce conteur-ci pour vous tromper ? Le voici, il parsèmera son récit de petites circonstances si liées à la chose, de traits si simples, si naturels, et toutefois si difficiles à imaginer, que vous serez forcé de vous dire en vous-même : "Ma foi, cela est vrai ; on n'invente pas ces choses-là." C'est ainsi qu'il sauvera l'exagération de l'éloquence et de la poésie ; que la vérité de la nature couvrira le prestige de l'art, et qu'il satisfera à deux conditions qui semblent contradictoires, d'être en même temps historien et poète, véridique et menteur.»

Diderot, *Les Deux Amis de Bourbonne*, 1770.

Quels sont les différents types de conte que Diderot distingue dans cet extrait ? Quel est le véritable dessein de l'auteur ? En quoi Diderot définit-il ici une conception toute personnelle du conte ?

Diderot, *Ceci n'est pas un conte*, 1773

C'est en 1773, peu après avoir composé *Mystification, Les Deux Amis de Bourbonne* et *Entretien d'un père avec ses enfants* – texte qu'il ne cessera de retoucher jusqu'à sa mort – que Diderot entreprend la rédaction de deux nouveaux contes, qu'il achève en moins de quinze jours et qu'il corrigera peu, comme l'attestent les rares variantes existant d'une copie à l'autre : *Ceci n'est pas un conte* et *Madame de La Carlière. Ceci n'est pas un conte* ne comporte pas à proprement parler de définition du conte, mais livre de précieux renseignements sur la conception que Diderot a du conte.

Lorsqu'on fait un conte, c'est à quelqu'un qui l'écoute ; et pour peu que le conte dure, il est rare que le conteur ne soit interrompu quelquefois par son auditeur. Voilà pourquoi j'ai introduit dans le récit qu'on va lire, et qui n'est pas un conte ou qui est un mauvais conte, si vous vous en doutez, un personnage qui fasse à peu près le rôle du lecteur, et je commence.

« Et vous concluez de là ?

– Qu'un sujet aussi intéressant devrait mettre toutes les têtes en l'air, défrayer pendant un mois tous les cercles de la ville, y être tourné et retourné jusqu'à l'insipidité [1], fournir à mille disputes, à vingt brochures au moins et à quelques centaines de pièces en vers pour et contre ; et qu'en dépit de toute la finesse, de toutes les connaissances, de tout l'esprit de l'auteur, puisque son ouvrage n'a excité aucune fermentation violente, il est médiocre et très médiocre.

– Mais il me semble que nous lui devons pourtant une soirée assez agréable, et que cette lecture a amené...

– Quoi ? Une litanie [2] d'historiettes usées qu'on se décochait de part et d'autre et qui ne disaient qu'une chose connue de toute éternité, c'est que l'homme et la femme sont deux bêtes très malfaisantes.

– Cependant l'épidémie vous a gagné, et vous avez payé votre écot tout comme un autre [3].

– C'est que bon gré, malgré qu'on en ait, on se prête au ton donné ; qu'en entrant dans une société, on arrange à la porte d'un appartement jusqu'à sa physionomie sur celles qu'on voit ; qu'on contrefait le plaisant quand on est triste ; le triste quand on serait tenté d'être plaisant ; qu'on ne veut être étranger à qui que ce soit ; que le littérateur politique ; que le politique métaphysique ; que le métaphysicien moralise ; que le moraliste parle finance ; le financier, belles lettres ou géométrie ; que plutôt que d'écouter ou se taire, chacun bavarde de ce qu'il ignore, et que tous s'ennuient par sotte vanité ou par politesse.

– Vous avez de l'humeur.

– À mon ordinaire.

– Et je crois qu'il est à propos que je réserve mon historiette pour un moment plus favorable.

– C'est-à-dire que vous attendrez que je n'y sois pas.

---

1. ***Jusqu'à l'insipidité*** : jusqu'à ce qu'il n'ait plus de saveur.
2. ***Litanie*** : ici, longue énumération ennuyeuse.
3. ***Vous avez payé votre écot tout comme un autre*** : vous avez fait comme tout le monde.

– Ce n'est pas cela.

– Ou que vous craignez que j'aie moins d'indulgence pour vous tête à tête que je n'en aurais pour un indifférent en société.

– Ce n'est pas cela.

– Ayez donc pour agréable de me dire ce que c'est.

– C'est que mon historiette ne prouve pas plus que celles qui vous ont excédé.

– Eh, dites toujours.

– Non, non, vous en avez assez.

– Savez-vous que de toutes les manières qu'ils ont de me faire enrager, la vôtre m'est la plus antipathique ?

– Et quelle est la mienne ?

– Celle d'être prié de la chose que vous mourez de faire. Eh bien, mon ami, je vous prie, je vous supplie de vouloir bien vous satisfaire.

– Me satisfaire !

– Commencez, pour dieu, commencez.

– Je tâcherai d'être court.

– Cela n'en sera pas plus mal. »

Ici, un peu par malice, je toussai, je crachai, je pris mon mouchoir, je me mouchai, j'ouvris ma tabatière, je pris une prise de tabac, et j'entendais mon homme qui disait entre ses dents : si l'histoire est courte, les préliminaires sont longs. Il me prit envie d'appeler un domestique sous prétexte de quelque commission ; mais je n'en fis rien et je dis :

Ceci n'est pas un conte.

« Il faut avouer qu'il y a des hommes bien bons et des femmes bien méchantes.

– C'est ce qu'on voit tous les jours et quelquefois sans sortir de chez soi. Après ?

– Après ? J'ai connu une Alsacienne belle, mais belle à faire accourir les vieillards et à arrêter tout court les jeunes gens.

– Et moi aussi je l'ai connue, elle s'appelait Mme Reymer.

– Il est vrai […]. »

Diderot, *Ceci n'est pas un conte*, 1770.

Quelles sont les spécificités du conte que Diderot pointe dans l'*incipit* de *Ceci n'est pas un conte*? En quoi sa conception et sa pratique du conte apparaissent-elles ici encore intimement liées?

Prolongements

De l'*Histoire des voyages de Scamentado* à *Candide*

La rédaction de l'*Histoire des voyages de Scarmentado* succède à la composition de *Zadig ou la Destinée* (1747) et à celle de *Micromégas* (1750) mais précède celle de *Candide ou l'Optimisme* (1758) et celle de *L'Ingénu* (1767). Dans tous ces contes, la destinée humaine et la providence occupent une place prépondérante. Mais la position qu'adopte Voltaire évolue. Zadig a appris de l'ange Jesrad qu'« il n'y a pas de mal dont il ne naisse un bien » et ses voyages ont enseigné à Scarmentado que le cocuage était sans doute l'« état le plus doux de la vie ». Après avoir voyagé à travers le monde, c'est une autre leçon que tire Candide lorsqu'il revient dans sa métairie à la suite de sa rencontre avec un Turc.

«Vous devez avoir, dit Candide au Turc, une vaste et magnifique terre?

– Je n'ai que vingt arpents, répondit le Turc; je les cultive avec mes enfants; le travail éloigne de nous trois grands maux : l'ennui, le vice, et le besoin.»

Candide, en retournant dans sa métairie, fit de profondes réflexions sur le discours du Turc. Il dit à Pangloss et à Martin : «Ce bon vieillard me paraît s'être fait un sort bien préférable à celui des six rois avec qui nous avons eu l'honneur de souper.

– Les grandeurs, dit Pangloss, sont fort dangereuses, selon le rapport de tous les philosophes : car enfin Églon, roi des Moabites, fut assassiné par Aod ; Absalon fut pendu par les cheveux et percé de trois dards ; le roi Nadab, fils de Jéroboam, fut tué par Baaza ; le roi Éla, par Zambri ; Ochosias, par Jéhu ; Athalia, par Joïada ; les rois Joachim, Jéchonias, Sédécias, furent esclaves. Vous savez comment périrent Crésus, Astyage, Darius, Denys de Syracuse, Pyrrhus, Persée, Annibal, Jugurtha, Arioviste, César, Pompée, Néron, Othon, Vitellius, Domitien, Richard II d'Angleterre, Édouard II, Henri VI, Richard III, Marie Stuart, Charles Ier, les trois Henri de France, l'empereur Henri IV ? Vous savez…

– Je sais aussi, dit Candide, qu'il faut cultiver notre jardin.

– Vous avez raison, dit Pangloss : car, quand l'homme fut mis dans le jardin d'Éden, il y fut mis *ut operaretur eum*, pour qu'il travaillât, ce qui prouve que l'homme n'est pas né pour le repos.

– Travaillons sans raisonner, dit Martin ; c'est le seul moyen de rendre la vie supportable. »

Toute la petite société entra dans ce louable dessein ; chacun se mit à exercer ses talents. La petite terre rapporta beaucoup. Cunégonde était à la vérité bien laide ; mais elle devint une excellente pâtissière ; Paquette broda ; la vieille eut soin du linge. Il n'y eut pas jusqu'à frère Giroflée qui ne rendît service ; il fut un très bon menuisier, et même devint honnête homme ; et Pangloss disait quelquefois à Candide : « Tous les événements sont enchaînés dans le meilleur des mondes possibles ; car enfin, si vous n'aviez pas été chassé d'un beau château à grands coups de pied dans le derrière pour l'amour de Mlle Cunégonde, si vous n'aviez pas été mis à l'Inquisition [1], si vous n'aviez pas couru l'Amérique à pied, si vous n'aviez pas donné un bon coup d'épée au baron, si vous n'aviez pas perdu tous vos moutons du bon pays d'Eldorado, vous ne mangeriez pas ici des cédrats confits et des pistaches.

– Cela est bien dit, répondit Candide, mais il faut cultiver notre jardin. »

Voltaire, *Candide ou l'Optimisme*, 1758.

---

1. ***Inquisition*** : voir note 5, p. 53.

Quelle est la morale de *Candide* ? En quoi traduit-elle une évolution de la réflexion de Voltaire sur la destinée humaine, si on la compare à celle de l'*Histoire des voyages de Scarmentado* ?

De *Madame de La Carlière* au *Supplément au Voyage de Bougainville*

Introduisant dans la *Correspondance littéraire Ceci n'est pas un conte* que Diderot lui a transmis avec *Madame de La Carlière*, Grimm écrit : « Le conte que l'on va lire est de M. Diderot, il sera suivi de plusieurs autres du même auteur. On ne verra qu'à la fin du dernier la morale et le but secret que l'auteur s'est proposés. » Le dernier de ces contes est le *Supplément au Voyage de Bougainville* dont voici la clausule :

B. – Vous m'avez compris. Partout où il y a une lyre, il y a des cordes. Tant que les appétits naturels seront sophistiqués [1], comptez sur des femmes méchantes.

A. – Comme la Reymer.

B. – Sur des hommes atroces.

A. – Comme Gardeil.

B. – Et sur des infortunés à propos de rien.

A. – Comme Tanié, Mlle de La Chaux, le chevalier Desroches et Mme de La Carlière [2]. Il est certain qu'on chercherait inutilement dans Tahiti des exemples de la dépravation des deux premiers, et du malheur des trois derniers. Que ferons-nous donc ? reviendrons-nous à la nature ? nous soumettrons-nous aux lois ?

B. – Nous parlerons contre les lois insensées [3] jusqu'à ce qu'on les réforme ; et, en attendant, nous nous y soumettrons. Celui qui, de

---

1. ***Sophistiqués*** : d'un extrême raffinement.
2. Mme Reymer, Tanié, Gardeil et Mlle de La Chaux sont les protagonistes de *Ceci n'est pas un conte*, tandis que Mme de La Carlière et Desroches sont les principaux personnages de *Madame de La Carlière*.
3. ***Lois insensées*** : lois dépourvues de sens.

son autorité privée, enfreint une loi mauvaise, autorise tout autre à enfreindre [1] les bonnes. Il y a moins d'inconvénients à être fou avec des fous, qu'à être sage tout seul. Disons-nous à nous-mêmes, crions incessamment [2] qu'on a attaché la honte, le châtiment et l'ignominie [3] à des actions innocentes en elles-mêmes ; mais ne les commettons pas, parce que la honte, le châtiment et l'ignominie sont les plus grands de tous les maux. Imitons le bon aumônier, moine en France, sauvage dans Tahiti.

A. – Prendre le froc [4] du pays où l'on va, et garder celui du pays où l'on est.

B. – Et surtout être honnête et sincère jusqu'au scrupule avec des êtres fragiles qui ne peuvent faire notre bonheur, sans renoncer aux avantages les plus précieux de nos sociétés. Et ce brouillard épais, qu'est-il devenu ?

A. – Il est retombé.

B. – Et nous serons encore libres, cet après-dîner, de sortir ou de rester ?

A. – Cela dépendra, je crois, un peu plus des femmes que de nous.

B. – Toujours les femmes ! On ne saurait faire un pas sans les rencontrer à travers son chemin.

A. – Si nous leur lisions l'entretien de l'aumônier et d'Orou ?

B. – À votre avis, qu'en diraient-elles ?

A. – Je n'en sais rien.

B. – Et qu'en penseraient-elles ?

A. – Peut-être le contraire de ce qu'elles en diraient.

Diderot, « Suite du dialogue entre A et B »,
Supplément au Voyage de Bougainville, 1773-1774.

---

1. ***Enfreindre*** : transgresser.
2. ***Crions incessamment*** : n'ayons de cesse de crier.
3. ***Ignominie*** : infamie.
4. ***Froc*** : ici, habit.

Quelle morale ressort du *Supplément au Voyage de Bougainville*? En quoi peut-on la rapprocher de celle de *Madame de la Carlière*? « La morale et le but secret » que l'auteur devait révéler selon Grimm vous paraissent-ils évidents ?

Du conte philosophique à l'action politique : à propos de *Ziméo*

C'est en 1771, dans les *Éphémérides du citoyen ou Bibliothèque raisonnée des sciences morales et politiques*, revue traitant essentiellement d'économie et de politique, que Pierre-Samuel Dupont de Nemours, son principal rédacteur, publie un long compte rendu de *Ziméo*, dans lequel il revient avec force détails sur la question de l'esclavage. À la suite du conte qu'il a reproduit en supprimant le passage mêlant érotisme et anthropophagie (voir p. 80-82), il écrit :

Voilà ce que dit M. de Saint-Lambert, et nos lecteurs se félicitent sans doute de ce que nous n'avons point essayé de le redire autrement. Voici ce que nous croyons devoir y ajouter. Mais qu'on ne s'attende plus à trouver ici les charmes d'une éloquence entraînante et rapide. M. de Saint-Lambert est un poète sublime ; nous sommes des calculateurs, non pas froids, mais sévères. Heureusement que les gens que nous avons à persuader ne sont pas moins sensibles au calcul de leur intérêt qu'au tableau de leurs devoirs.

Jamais on n'a prétendu sérieusement qu'il fût bien et louable de mettre ses semblables à la chaîne, de les traiter comme des bêtes de somme, qui n'obtiennent de nous, dit le bon La Fontaine, que « Force coups, peu de gré, voilà tout leur loyer [1] ». Les particuliers qui ont des esclaves, les gouvernements qui le tolèrent, en rougissent en secret. Mais ils croient que c'est une grande économie ; que le travail des esclaves auxquels on ne paie ni gages, ni salaires, est à bien plus bas prix que ne pourrait être celui des hommes libres, auxquels il

1. Dans « L'Homme et la Couleuvre », *Fables*, Livre X.

faudrait en payer ; enfin que si l'on employait ceux-ci à la culture de nos colonies, le sucre serait trop cher.

Quand la chose serait vraie, il n'y aurait point à balancer, il faudrait se résoudre à payer le sucre plus cher, ou même à s'en passer, plutôt que de violer si cruellement les droits de l'humanité. Dire qu'il serait licite de faire un homme esclave pour avoir son travail à meilleur marché, c'est dire qu'il serait licite de l'assassiner sur un grand chemin, pour avoir son argent à peu de frais. Il y a des hommes dépravés et désespérés qui tiennent cette conduite. Il n'y en a point qui mentent assez à leur conscience pour tenter seulement de la justifier.

Dupont de Nemours, *Ephémérides du citoyen*, 1771, t. VI, 2e partie, in Youmna Charara, *op. cit.*, p. 299.

En quoi les arguments avancés par Dupont de Nemours prolongent-ils les « Réflexions sur les Nègres » insérées à la fin de *Ziméo* ?

Membre de la très influente Société des amis des Noirs, Saint-Lambert a joué un rôle prépondérant dans l'élaboration des projets de réforme en faveur des Noirs de Saint-Domingue au sein du Comité de législation. Dans un mémoire consacré aux « moyens de rendre meilleur l'état des Nègres ou des affranchis de nos colonies », il écrit :

Tous les papiers que je viens de lire : lettres, ordonnances, dépêches, mémoires etc., n'ont fait que me confirmer dans l'idée où j'étais que les préjugés établis dans nos colonies rendront difficile tout changement en faveur des hommes de couleur, mais ne le rendent pas impossible et ne doivent pas empêcher de le tenter. Je commencerai par faire quelques observations sur la dépêche, et d'abord pour admirer cette belle maxime, *la politique bien entendue se rapproche plus communément qu'on ne croit de l'humanité qui réfléchit*. J'irais peut-être plus loin et je dirais que toute politique qui blesse l'humanité est une politique détestable et qui en est punie tôt ou tard. Cette vérité peut se démontrer à la rigueur par le raisonnement et par les faits. Mais lorsqu'on croit que la politique et l'humanité doivent toujours agir d'accord, il faut si l'on veut être conséquent se proposer de tendre à l'affranchissement des Nègres et de traiter mieux les affranchis.

Je ne puis penser avec les respectables auteurs de la dépêche qu'il faille attendre à la sixième génération pour assimiler les descendants des Noirs à la race blanche. La nature alors les a parfaitement assimilés. Il faut dans la vue de préparer l'affranchissement général, rapprocher dès à présent les mulâtres des Blancs, pour rapprocher un jour les Noirs des mulâtres.

Il est temps de commencer à ne voir, comme M. d'Enneri, dans nos colonies que deux races d'hommes, celle des libres et celle des esclaves ; en attendant le jour où l'on n'y verra que des hommes libres également sujets du roi, et jouissant également de tous les droits de citoyen.

Je ne pense pas comme les auteurs de la dépêche que les affranchis, les mulâtres, s'ils sont assimilés aux Blancs deviendront incessamment leurs rivaux et leurs ennemis. Dans un pays éloigné de la cour où il y a peu de grâces à solliciter, peu de distinctions à espérer, où le petit nombre des distinctions ne mène ni à de grands honneurs ni à une grande fortune, les rivalités seront nécessairement rares, elles sont presque nulles entre les cultivateurs occupés également de faire valoir leurs terrains, et à en tirer tout le parti possible, c'est là une des causes de ces bonnes mœurs qui règnent ordinairement chez les peuples agricoles qui ne sont pas opprimés.

Lorsque les charges seront un jour données indifféremment aux Blancs et aux Noirs, il y aura sans doute quelques rivalités particulières d'individus à individus, comme il y en a dans toutes les sociétés, mais elles n'en troublent ni l'ordre ni la paix, et il me semble qu'elles ne doivent jamais être l'objet de l'attention du gouvernement.

Je crois que plus les mulâtres ou affranchis seront rapprochés de la condition des Blancs, et plus dans tous les temps ils seront séparés des Noirs. Alors dans toutes les occasions, ils feront cause commune avec les Blancs, alors s'il est nécessaire ils les défendront avec zèle contre les Noirs, ou bien l'homme est fait dans nos îles autrement qu'il ne l'est partout ailleurs. Il n'y a pas de distinctions au Brésil entre les affranchis et les Portugais, et il n'y a de divisions qu'entre les naturels du pays et les deux autres races, celles-ci restent unies et combattent ensemble contre les Brésiliens.

Je persiste donc à penser d'après mes faibles connaissances sur la nature de l'homme que les mulâtres et les affranchis n'étant plus chargés de marques de mépris, étant mieux traités par le gouvernement et par les Blancs, auront des mœurs et seront de bons et d'utiles citoyens.

Saint-Lambert, « Réflexions sur les moyens de rendre meilleur l'état des Nègres ou des affranchis de nos colonies », in Michèle Duchet, *Anthropologie et histoire au siècle des Lumières*, Albin Michel, « Bibliothèque de l'évolution de l'humanité », 1995, p. 181-183.

Que préconise Saint-Lambert dans ces « Réflexions sur les moyens de rendre meilleur l'état des Nègres ou des affranchis de nos colonies » ? En quoi sa position est-elle proche de celle qu'il adopte dans ses « Réflexions sur les Nègres » à la fin de *Ziméo* ? En quoi s'en distingue-t-elle ?

Création maquette intérieure :
Sarbacane Design.
Composition : In Folio.
Dépôt légal : avril 2007,
numéro d'édition : L.01EHRN000126.C005
Imprimé en Espagne par Novoprint (Barcelone)